表 II

ga	が	gi	ぎ	gu	ぐ	ge	げ	go	ご
za	ざ	ji	じ	zu	ず	ze	ぜ	zo	ぞ
da	だ	ji	ぢ	zu	づ	de	で	do	ど
ba	ば	bi	び	bu	ぶ	be	べ	bo	ぼ
pa	ぱ	pi	ぴ	pu	ぷ	pe	ぺ	po	ぽ

表 III

kya	きゃ	kyu	きゅ	kyo	きょ
sha	しゃ	shu	しゅ	sho	しょ
cha	ちゃ	chu	ちゅ	cho	ちょ
nya	にゃ	nyu	にゅ	nyo	にょ
hya	ひゃ	hyu	ひゅ	hyo	ひょ
mya	みゃ	myu	みゅ	myo	みょ
rya	りゃ	ryu	りゅ	ryo	りょ

gya	ぎゃ	gyu	ぎゅ	gyo	ぎょ
ja	じゃ	ju	じゅ	jo	じょ

bya	びゃ	byu	びゅ	byo	びょ
pya	ぴゃ	pyu	ぴゅ	pyo	ぴょ

AOTS
(財)海外技術者研修協会 編著

自学课本
平假名片假名
听 写 忆

中国語版

ひとり まな
一人で 学べる
ひらがな かたかな

スリーエーネットワーク

© 2004 by The Overseas Human Resources and Industry Development Association (HIDA)
The former Association for Overseas Technical Scholarship (AOTS)

All rights reserved. No part of this publication may be reproduced, stored in a retrieval system, or transmitted in any form or by any means, electronic, mechanical, photocopying, recording, or otherwise, without the prior written permission of the Publisher.

Published by 3A Corporation.
Trusty Kojimachi Bldg., 2F, 4, Kojimachi 3-Chome, Chiyoda-ku, Tokyo 102-0083, Japan

ISBN978-4-88319-308-0 C0081

First published 2004
Printed in Japan

本书的五大特征

1. 循序渐进的阶梯式学习方法

   从听力练习入手，然后进行朗读练习、书写练习。这种循序渐进的学习方法，会使您轻松愉快地完成学习进度。每课平均由 3 页构成，以便您把握每天的学习进度。

2. 最大限度地有效利用 CD

   在听力练习、朗读练习等所有的课程中都使用CD，从而使您不仅可以学习假名，而且还能掌握日语的标准发音和语调。

3. 手写体字样

   由于印刷体是设计字体，与手写的文字有微妙的差别，因此，本书采用了更为简洁和自然的手写体作为每一个文字的书写练习的字样。此外，本书还把初学者容易写错的字形归纳成［错误字例］，予以提示。通过这些例子，可以使您避免同样的错误。

4. 反复练习实用性单词

   本书从初级日语教科书的常用单词中挑选出简单、实用的单词，供您反复学习。在最后的学习步骤［听写练习］和［测验］中，筛选出了生活中频繁使用的实用性单词。为了使您尽可能不依赖罗马字而能够书写假名，这部分的翻译、罗马字标记和问题解答都编排在另册。

5. 丰富多彩的练习问题

   本书为了便于您检查学习的巩固程度和进行复习，编排了［单元练习］,以及问题、猜谜等内容，使您对单调的字母学习不至于产生厌倦而能持续下去。即使一个人也能轻松愉快地有效地进行学习。在学习之余，也请浏览一下有关日语的文字和发音等的［专栏］。这一定会使您对学习假名和日语更感兴趣。

この本の5つの特徴

1．無理なく学べるステップ学習

　聞く練習から読む練習、そして書く練習へと段階を追って、無理なく学習が進められます。1課あたり平均3ページで構成され、毎日の学習ペースがつかみやすくなっています。

2．CDをフル活用

　聞く練習、読む練習など、全ての課でCDを使用するようになっています。これによって、単なるかな学習にとどまらず、日本語の標準的な発音、アクセントも身に付けられます。

3．手書きのモデル文字

　印刷字体はデザインされた字体であるため、手書きの文字とは微妙な違いがあります。このため、1字ずつ書く練習においては無駄がなく、より自然な手書きの文字をモデルに採用しました。

　また、初心者が書き誤りやすい字形を「誤りの例」として提示しました。これらの例によって、誤った字形を身に付けてしまうのを防ぐことができます。

4．実用的な単語を繰り返し練習

　主に、初級日本語教科書でよく使われている単語の中から選ばれた、やさしい、実用的な単語が繰り返し学習できるようになっています。特に、学習の最後の仕上げにあたる「聞いて書き取る練習」や「テスト」では、生活の中で頻繁に使われる実用的な単語を厳選しました。ローマ字にできるだけ頼らずにかなを書く実力をつけるため、これらの練習の翻訳、ローマ字表記、解答は別冊にしてあります。

5．多彩な練習問題

　学習定着度がチェックでき、復習にもなる「まとめの練習」、クイズ、パズルなどを織り込んで、ともすれば単調になりがちな文字の学習を飽きずに続けられるよう工夫しました。まったく一人でも楽しく、効果的に学習を進めることができます。

　練習の合間には、日本語の文字、発音などに関する「コラム」にも目を通してみてください。かな学習、日本語学習に対する興味がさらに広がることでしょう。

目录

在开始学习之前 ……………………………………………………………… I
学习方法 …………………………………………………………………… II
专栏1　日语的文字 ………………………………………………………… III

第1部分　平假名

1　あいうえお（a i u e o）………………………………………………… 3
2　かきくけこ、がぎぐげご（ka ki ku ke ko, ga gi gu ge go）…… 6
专栏2　日语的声调 ………………………………………………… 9
单元练习（1～2）………………………………………………… 10
3　さしすせそ、ざじずぜぞ（sa shi su se so, za ji zu ze zo）…… 11
4　たちつてと、だぢづでど（ta chi tsu te to, da ji zu de do）…… 14
单元练习（3～4）………………………………………………… 17
5　なにぬねの (na ni nu ne no) ………………………………………… 18
6　はひふへほ、ばびぶべぼ、ぱぴぷぺぽ
　　(ha hi fu he ho, ba bi bu be bo, pa pi pu pe po) ……………… 21
单元练习（5～6）………………………………………………… 25
7　まみむめも、やゆよ（ma mi mu me mo, ya yu yo）…………… 26
8　らりるれろ、わ、を、ん（ra ri ru re ro, wa, o, n）…………… 29
单元练习（7～8）………………………………………………… 32
检查一下！………………………………………………………………… 33
测验1 ……………………………………………………………………… 34
测验2 ……………………………………………………………………… 35
专栏3　日语的字体 ………………………………………………… 36
9　长元音 …………………………………………………………………… 37
10　小「っ」 ……………………………………………………………… 40
11　きゃ、きゅ、きょ（kya, kyu, kyo）……………………………… 42
单元练习（9～11）……………………………………………… 48
12　句子中的「は、へ、を」的使用方法 ………………………… 49
填字游戏 …………………………………………………………………… 54
测验3 ……………………………………………………………………… 55
专栏4　假名的由来 ………………………………………………… 56

第2部分　片假名

- 13　アイウエオ、ン（a i u e o, n） ……………………………………… 59
- 14　カキクケコ、ガギグゲゴ（ka ki ku ke ko, ga gi gu ge go） …… 62
- 15　サシスセソ、ザジズゼゾ（sa shi su se so, za ji zu ze zo） …… 65
- 16　タチツテト、ダヂヅデド（ta chi tsu te to, da ji zu de do） …… 68
- 17　长元音 …………………………………………………………………… 71
- 单元练习（13～17） …………………………………………………………… 72
- 18　ナニヌネノ（na ni nu ne no） ……………………………………… 73
- 19　ハヒフヘホ、バビブベボ、パピプペポ
  　　（ha hi fu he ho, ba bi bu be bo, pa pi pu pe po） ……………… 76
- 20　小「ッ」 ………………………………………………………………… 79
- 单元练习（18～20） …………………………………………………………… 80
- 21　マミムメモ（ma mi mu me mo） …………………………………… 81
- 22　ラリルレロ（ra ri ru re ro） ………………………………………… 84
- 23　ヤユヨ、ワ、ヲ（ya yu yo, wa, o） ………………………………… 87
- 检查一下！ ……………………………………………………………………… 90
- 测验4 …………………………………………………………………………… 91
- 测验5 …………………………………………………………………………… 92
- 24　キャ、キュ、キョ（kya, kyu, kyo） ………………………………… 93
- 单元练习（21～24） …………………………………………………………… 95
- 25　小「ァ・ィ・ゥ・ェ・ォ」 …………………………………………… 96
- 填字游戏 ………………………………………………………………………… 99
- 测验6 …………………………………………………………………………… 100
- 汇总问题 ……………………………………………………………………… 101
- 26　综合练习 …………………………………………………………… 104
- 平假名图片卡 ………………………………………………………………… 107

在开始学习之前

假名（平假名和片假名）是日语的表音文字。即一个字母表示一个音。平假名和片假名都由46个字母构成。下表是日语的基本发音。在开始学习之前，首先请听所附的CD，体会一下日语的发音。

Nihon-go no hatsuon（日语的发音）

hatsuon（发音）

Rōmaji（罗马字）
Hiragana（平假名） Katakana（片假名）

a		i		u		e		o	
あ	ア	い	イ	う	ウ	え	エ	お	オ
ka		ki		ku		ke		ko	
か	カ	き	キ	く	ク	け	ケ	こ	コ
sa		shi		su		se		so	
さ	サ	し	シ	す	ス	せ	セ	そ	ソ
ta		chi		tsu		te		to	
た	タ	ち	チ	つ	ツ	て	テ	と	ト
na		ni		nu		ne		no	
な	ナ	に	ニ	ぬ	ヌ	ね	ネ	の	ノ
ha		hi		fu		he		ho	
は	ハ	ひ	ヒ	ふ	フ	へ	ヘ	ほ	ホ
ma		mi		mu		me		mo	
ま	マ	み	ミ	む	ム	め	メ	も	モ
ya				yu				yo	
や	ヤ			ゆ	ユ			よ	ヨ
ra		ri		ru		re		ro	
ら	ラ	り	リ	る	ル	れ	レ	ろ	ロ
wa								o	
わ	ワ							を	ヲ
n									
ん	ン								

关于 🎧 符号与日语的数字

在练习和问题等的开头所标的 🎧 符号，示意您应该听所附的CD。符号下的数字表示CD的相应部分。在书写练习开始时，录音中先用日语读出数字，所以请首先记住数字的读法。

sūji（数字）

1 ichi	2 ni	3 san	4 yon, shi	5 go
6 roku	7 nana, shichi	8 hachi	9 kyū, ku	10 jū
11 jū ichi	12 jū ni	13 jū san	20 ni-jū	
35 san-jū go	46 yon-jū roku			

例：1-1　ichi no ichi

学习方法

从 1 到 8 的练习按以下的顺序进行。

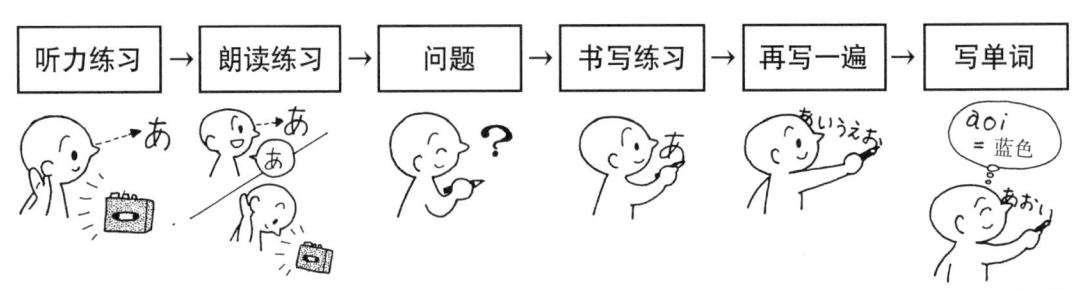

| 听力练习 | → | 朗读练习 | → | 问题 | → | 书写练习 | → | 再写一遍 | → | 写单词 |

最初的[听力练习]是通过听所附的CD，把发音和字形一起记住的练习。如记不住字形，可以参看卷末的平假名图片卡，把字形与图像结合起来，就容易记住了。

单元练习是按照 朗读练习 → 听写练习 的顺序，使用CD进行实践性复习。

在本书的后半部分，也有练习顺序不同的章节，为此本书使用以下符号，以便使练习的指示形象化，简明易懂。

符号	练习的种类	练习方法
🎧+👤	听力练习	请听CD，并记住字形
🎧+👤	朗读练习	请先听CD，再重复
👤→🎧		请先出声念假名，然后听CD，检查一下自己的读法是否正确
✏️	书写练习	请书写各个字母，注意每个字母的形状
🎧→✏️	听写练习	请听CD，写下单词
✏️	问题、测验	请按照问题的指示，写出答案
🎧→✏️		请听CD，写下答案

听写练习、问题和测验的答案及其译文请看另册。

专栏1

日语的文字

在日本使用的文字有平假名、片假名和汉字三种，平假名和片假名各由46个字母构成，一个字母表示一个音。汉字的每一个字都富有含义，在日常生活中经常使用的汉字有2000字左右。日语的书写特征是这三种文字在文章中混合使用。

例： <u>レストラン</u> <u>で</u> <u>家族</u> <u>と</u> <u>食事</u> <u>します</u>。
　　　　○　　　◆　　△　◆　　△　　◆

◆ 平假名
○ 片假名
△ 汉字

(Resutoran de kazoku to shokuji-shimasu.)
((我)在餐馆与家人一起吃饭。)

此外，为了方便外国人，车站的站名等均有罗马字表示。

在本教科书里，您将先学会平假名，然后再学片假名。(关于平假名和片假名有什么不同，请参看第59页。)

第1部分
平假名
ひらがな

照片中的平假名

きっぷうりば		kippu-uriba（售票处）

あぶない		abunai（危险）

くすり		kusuri（药）

とまれ		tomare（停）

おみやげ		omiyage（土特产）

1 あ い う え お

1．听力练习

请一边听发音，一边记住下列字形。

あ　い　う　え　お

a	i	u	e	o
ka	ki	ku	ke	ko
sa	shi	su	se	so
ta	chi	tsu	te	to
na	ni	nu	ne	no
ha	hi	fu	he	ho
ma	mi	mu	me	mo
ya	(i)	yu	(e)	yo
ra	ri	ru	re	ro
wa	(i)	(u)	(e)	o
n				

2．朗读练习

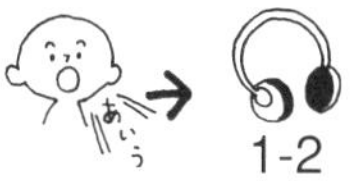

请先朗读下列字母，然后听 CD。

1) あ　い　う　え　お
　　え　あ　い　お　う

2) うえ　あう　あおい

3．问题

请找出与中间圈里的字母相同的字。

例：

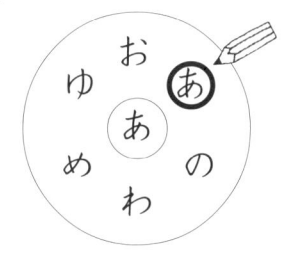

1)

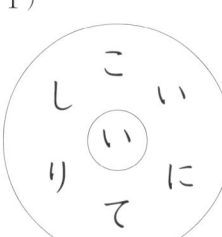

2)

3)

4)

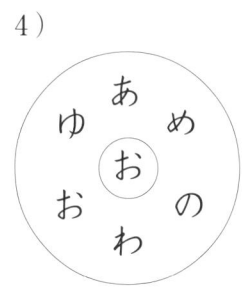

4. 书写练习

写平假名时请注意下两点。
① 遵守笔画顺序。
② 各条线的书写方向是自上而下、自左而右。

练习方法：
① 细心地描淡色的字，记住字形。
② 以十字形的虚线为基准，掌握字母的框架结构。

关于错误字例
在本书中，为了让学习者能够自己发现错字和走样的字，在右端列举了常见的误字例。

识别误字例的方法：
① 用淡色的圆圈圈出了错误的部分。请比较一下与左端的样字有什么不同。　　（例如：u）
② 对与本来的字形错开或整个字歪斜的情况，用虚线标出了正确的形状和位置。细直线是保持字的平衡的基准。　　（例如：ko）
③ 对字母的一部分线太长的情况，用细直线和×记号标出了正确的长度。　　（例如：ke）

那么，开始练习吧。请先描淡色的字，然后试一试在空格里书写。

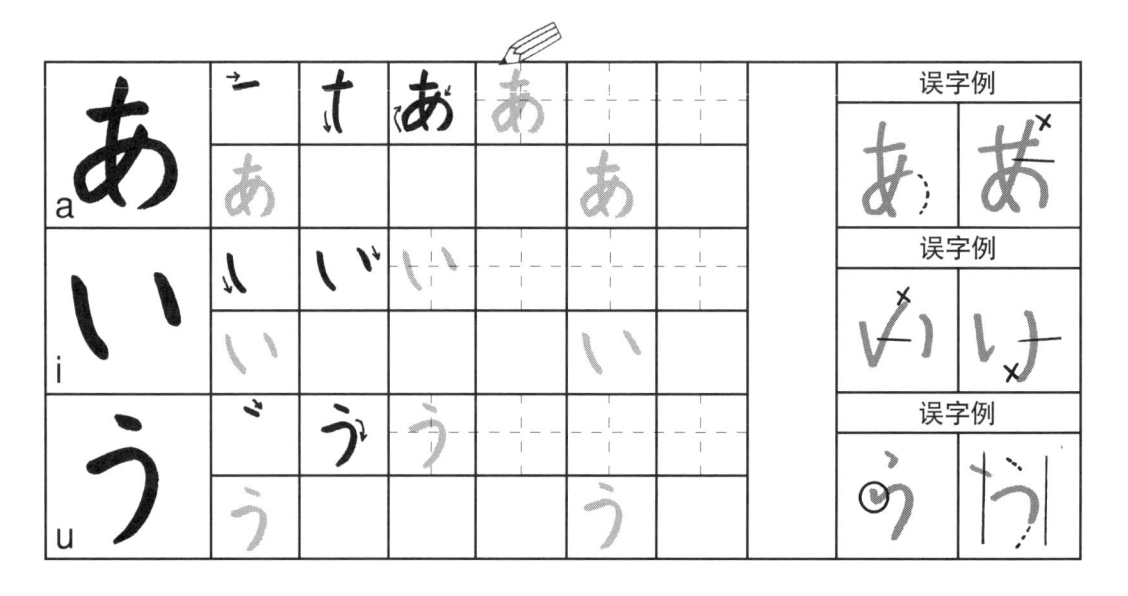

― (yon)　4　(よん) ―

							误字例
え e	え	え			え		
	え				え		
お o	お	お	お				误字例
	お				お		

5．再写一遍

请先描淡色的字，然后试一试自己写。

あ	い	う	え	お
あ	い	う	え	お
あ	い	う	え	お

6．写单词

1) | う | え |

2) | い | い | え |

3) | あ | お | い |

译：6.1) ue（上） 2) iie（不） 3) aoi（蓝色）

2 かきくけこ、がぎぐげご

1．听力练习

请一边听发音，一边记住下列字形。

2-1

か　き　く　け　こ

a	i	u	e	o
ka	**ki**	**ku**	**ke**	**ko**
sa	shi	su	se	so
ta	chi	tsu	te	to
na	ni	nu	ne	no
ha	hi	fu	he	ho
ma	mi	mu	me	mo
ya	(i)	yu	(e)	yo
ra	ri	ru	re	ro
wa	(i)	(u)	(e)	o
n				

2．朗读练习

请先朗读下列字母，然后听CD。

2-2

1) か　き　く　け　こ
   き　け　こ　か　く
2) かお　いく　こえ　きかい

3．听力练习

如果仔细听CD，就会发现2-1的「か、き、く、け、こ」，分别加上 ゛的话，发音就会发生变化。

2-3

が　ぎ　ぐ　げ　ご

ga	**gi**	**gu**	**ge**	**go**
za	ji	zu	ze	zo
da	ji	zu	de	do
ba	bi	bu	be	bo
pa	pi	pu	pe	po

4．朗读练习

2-4

1) が　ぎ　ぐ　げ　ご
   ぐ　げ　ぎ　が　ご
2) けが　かぎ　がいこく　ごご

5．问题

请按照「が、ぎ、ぐ、げ、ご」的顺序用线把字母连接起来。

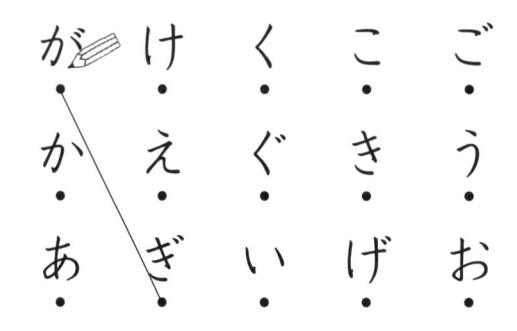

が　け　く　こ　ご
・　・　・　・　・

か　え　ぐ　き　う
・　・　・　・　・

あ　ぎ　い　げ　お
・　・　・　・　・

− (roku)　6　(ろく) −

6. 书写练习

								误字例	
か ka	つ	カ	が	か				か	カ
き* ki	ー	ニ	ギ	き				きー	も
く ku	く	く						く	K
け ke	ı	に	け	け				けx	廾
こ ko	ー	こ	こ					己	じ

＊き也可以写成き

如下所示，「が、ぎ、ぐ、げ、ご」是「か、き、く、け、こ」加上两点而成。

							误字例	
が ga	つ	カ	が	が	が			が	か
ぎ gi	ぎ								
ぐ gu				ぐ	ぐ				
げ ge	げ								
ご go				ご	ご				

7．再写一遍

请先描淡色的字，然后试一试自己写。

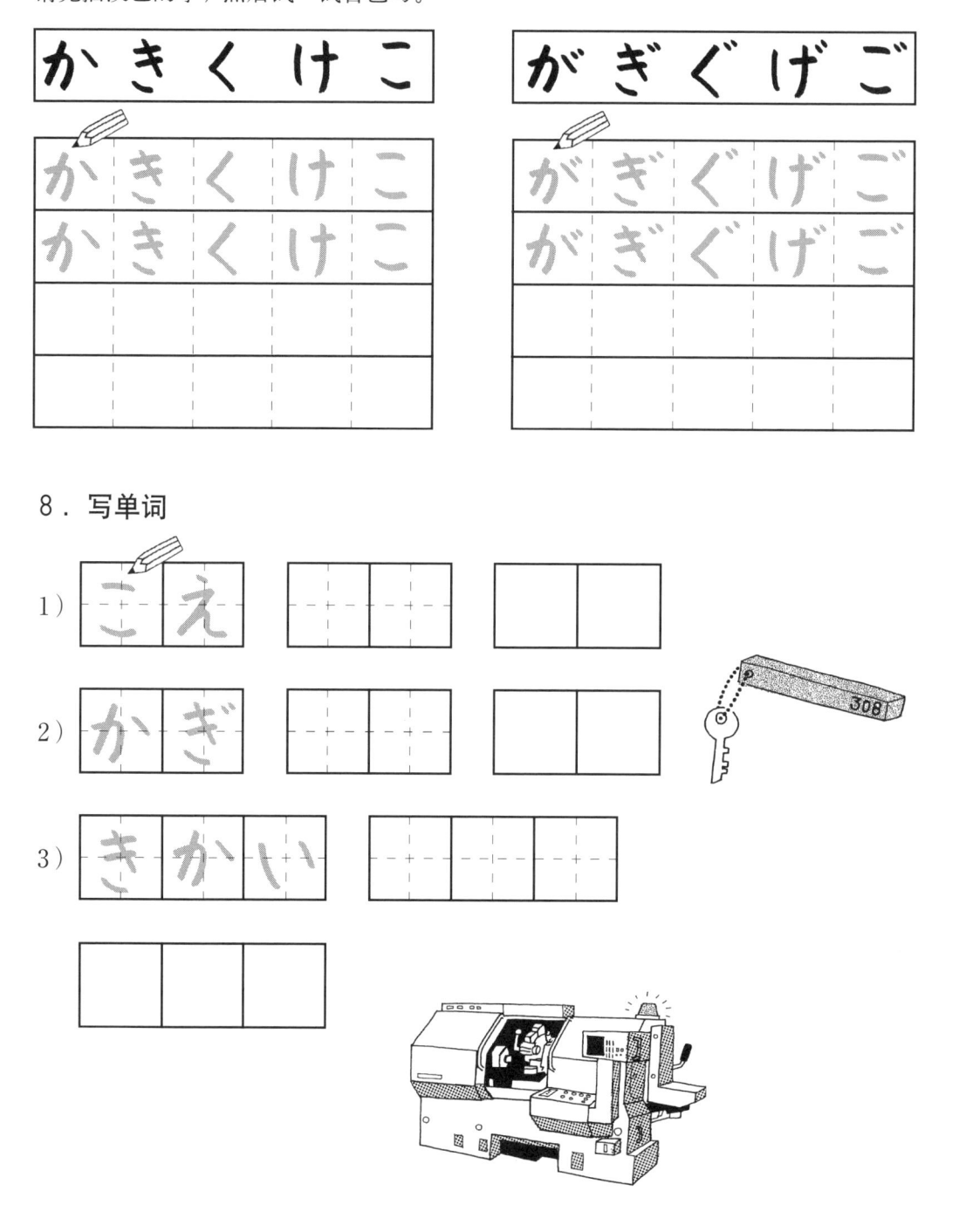

か	き	く	け	こ
か	き	く	け	こ
か	き	く	け	こ

が	ぎ	ぐ	げ	ご
が	ぎ	ぐ	げ	ご
が	ぎ	ぐ	げ	ご

8．写单词

1) こえ

2) かぎ

3) きかい

译： 8.1) koe（声音） 2) kagi（钥匙） 3) kikai（机器）

专栏 2

日语的声调

　　日语中有许多发音相同而意思不同的单词。这些单词在很多情况下，可以根据发音的高低不同，也就是说根据声调来区别词意。例如，「はし」作为"筷子"时「は」的发音要高，而「し」的发音要低，但作为"桥"时「は」的发音要低，而「し」的发音要高，由此就能区别词意。

Akusento（声调）

① は し　ha shi

② は し　ha shi

　　此外，声调除了区别词意之外，还有如下面的例子所示的表示词句间隔的作用。

③ まいにち しんぶんを よみます。　（我）每天看报。
　　Mainichi shinbun o yomimasu.

④ 『まいにちしんぶん』を よみます。　（我）看《每日新闻》。

　　不过，声调有地区差异。其中最典型的是东京地区和大阪地区，即使是同一单词，声调也大不相同。上面例子中的「はし」(桥)是以东京地区的语言为基础的普通话的声调，而大阪地区的声调则与普通话相反，读作「はし」。

单元练习（① ~ ②）

1. 朗读练习

　　请先读下面的词句，然后听 CD 确认声调。

1) うえ　　　　　　2) こえ

3) けが　　　　　　4) かぎ

5) あおい　　　　　6) がいこく

2. 听写练习

　　请听 CD，在空格里填写平假名。

1) ☐☐　　2) ☐☐　　3) ☐☐

4) ☐☐　　5) ☐☐☐　　6) ☐☐☐

7) ☐☐☐☐

参考：关于「がぎぐげご」的发音
通常「がぎぐげご」位于单词的第一个音节时发浊音（例如：gaikoku），此外都发鼻浊音（例如：kagi, kega）。但是由于浊音和鼻浊音的区别与词意的辨别无关，所以近来不使用鼻浊音的日本人也很多。

3 さしすせそ、ざじずぜぞ

1．听力练习

さしすせそ

a	i	u	e	o
ka	ki	ku	ke	ko
sa	shi	su	se	so
ta	chi	tsu	te	to
na	ni	nu	ne	no
ha	hi	fu	he	ho
ma	mi	mu	me	mo
ya	(i)	yu	(e)	yo
ra	ri	ru	re	ro
wa	(i)	(u)	(e)	o
n				

2．朗读练习

1) さ　し　す　せ　そ
　　さ　し　せ　そ　す

2) かさ　しお　うそ　すこし　せかい

3．听力练习

ざじずぜぞ

ga	gi	gu	ge	go
za	ji	zu	ze	zo
da	ji	zu	de	do
ba	bi	bu	be	bo
pa	pi	pu	pe	po

4．朗读练习

1) ざ　じ　ず　ぜ　ぞ
　　ぜ　じ　ざ　ず　ぞ

2) ごじ　かぜ　かぞく　しずか

5．问题

这幅画里隐藏着5个平假名。请用○圈出写有平假名的部分。

6. 书写练习

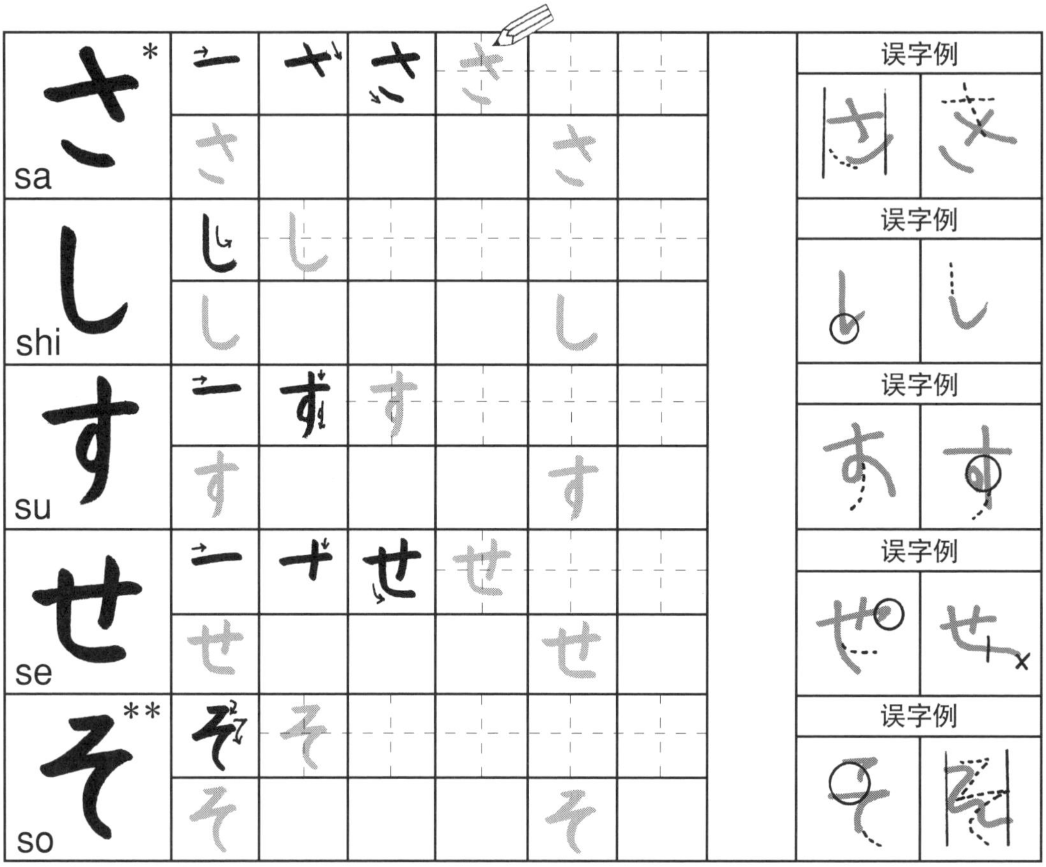

							误字例
さ sa	ニ	ざ	さ	さ			
	さ	さ		さ			
し shi	し	し		し			
	し			し			
す su	ニ	ず	す				
	す			す			
せ se	ニ	ゼ	せ	せ			
	せ			せ			
そ so	ぞ	そ		そ			
	そ			そ			

* さ也可以写成さ
** そ也可以写成そ

如下所示，「ざ、じ、ず、ぜ、ぞ」是「さ、し、す、せ、そ」加上两点而成。

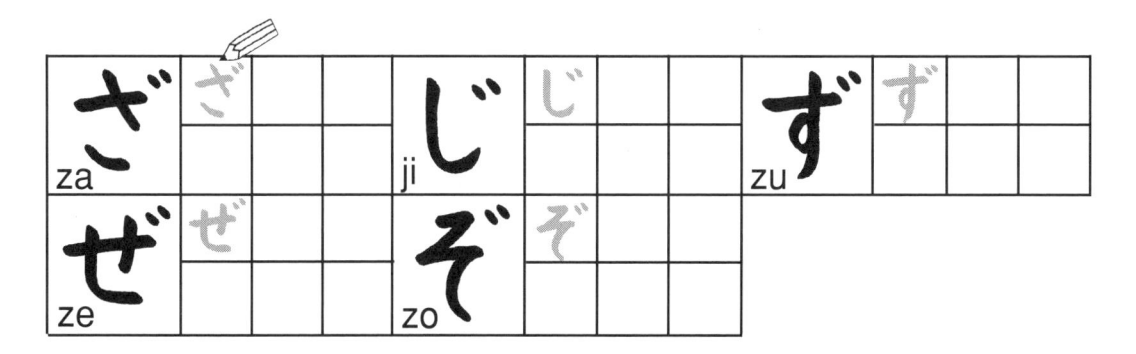

| ざ za | ざ | | | じ ji | じ | | | ず zu | ず | |
| ぜ ze | ぜ | | | ぞ zo | ぞ | | | | | |

— (jū ni) 12 (じゅうに) —

7．再写一遍

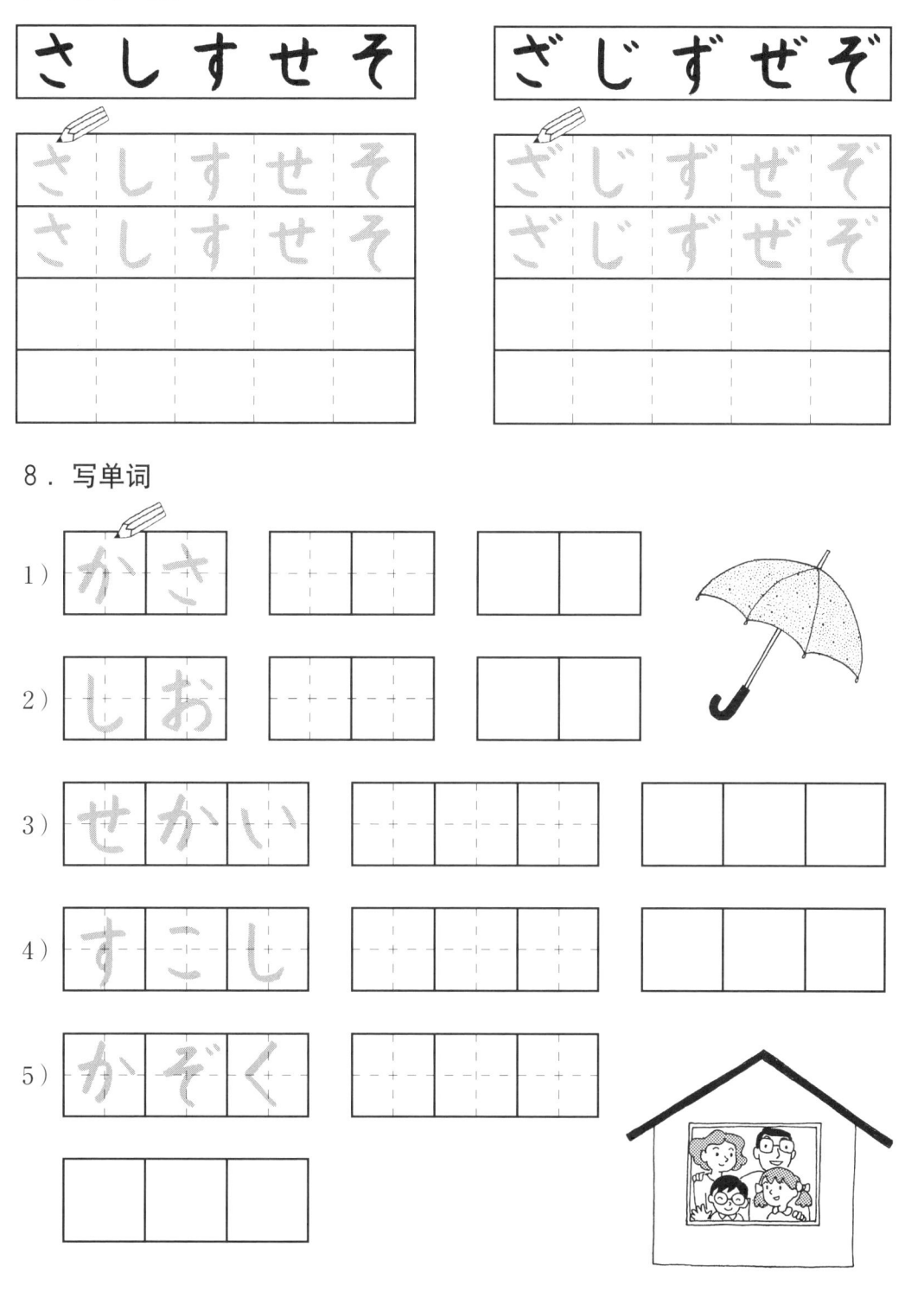

さ	し	す	せ	そ

ざ	じ	ず	ぜ	ぞ

8．写单词

1) かさ

2) しお

3) せかい

4) すこし

5) かぞく

译： 8.1) kasa（伞） 2) shio（盐） 3) sekai（世界） 4) sukoshi（一点儿）
　　　5) kazoku（家人）

4 たちつてと、だぢづでど

1．听力练习

🎧 4-1 ＋ 👤 た　ち　つ　て　と

2．朗读练习

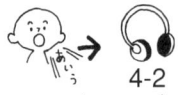

👤→🎧 4-2

1）た　ち　つ　て　と
　　つ　ち　て　た　と

2）うた　くつ　たいせつ　ちかてつ
　　おととい

a	i	u	e	o
ka	ki	ku	ke	ko
sa	shi	su	se	so
ta	chi	tsu	te	to
na	ni	nu	ne	no
ha	hi	fu	he	ho
ma	mi	mu	me	mo
ya	(i)	yu	(e)	yo
ra	ri	ru	re	ro
wa	(i)	(u)	(e)	o
n				

3．听力练习

🎧 4-3 ＋ 👤 だ　ぢ　づ　で　ど

4．朗读练习

👤→🎧 4-4

1）だ　ぢ　づ　で　ど　　ぢ　ど　で　づ　だ

2）うで　どこ　だい　かど

ga	gi	gu	ge	go
za	ji	zu	ze	zo
da	ji	zu	de	do
ba	bi	bu	be	bo
pa	pi	pu	pe	po

「ぢ」和「づ」的发音分别与「じ」和「ず」相同。
「じ」「ず」比「ぢ」「づ」使用得更为频繁。

5．问题

请按照「ざ，じ，ず，ぜ，ぞ」和「だ，ぢ，づ，で，ど」的顺序用线把字母连接起来。

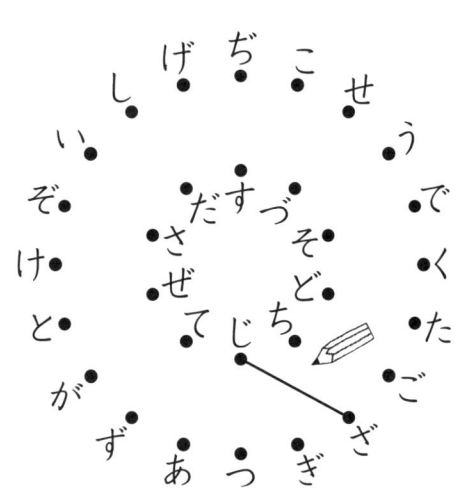

6. 书写练习

								误字例	
た ta	ニ	け	だ	た	た			た	た
	た				た			误字例	
ち chi	ニ	ち	ち		ち			ち	ち
	ち							误字例	
つ tsu	つ	つ			つ			つ	つ
	つ							误字例	
て te	で	て			て			て	て
	て							误字例	
と to	ヾ	と	と					と	と
	と				と				

如下所示，「だ、ぢ、づ、で、ど」是「た、ち、つ、て、と」加上两点而成。

だ da	だ			ぢ ji	ぢ			づ zu	づ		
で de	で			ど do	ど						

7．再写一遍

た	ち	っ	て	と

だ	ぢ	づ	で	ど

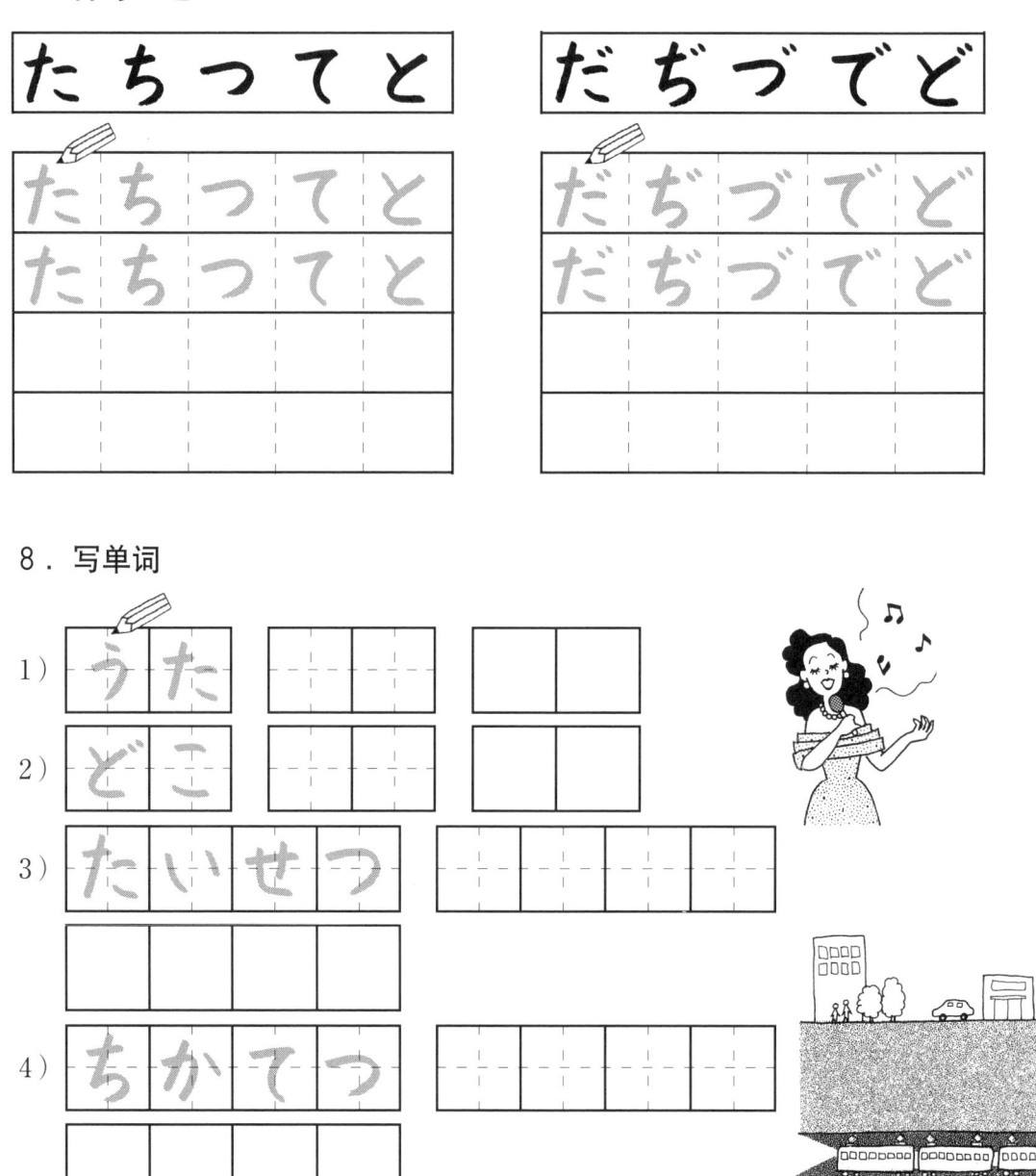

8．写单词

1) うた
2) どこ
3) たいせつ
4) ちかてつ
5) おととい

译： 8.1) uta（歌曲） 2) doko（哪儿） 3) taisetsu（重要）
　　　4) chikatetsu（地铁） 5) ototoi（前天）

単元練習 (3~4)

1．朗読練習

1) うそ
2) うで
3) くつ
4) じこ
5) かぜ
6) しずか
7) ちかてつ

2．听写练习

1) ☐☐
2) ☐☐
3) ☐☐☐
4) ☐☐☐
5) ☐☐☐
6) ☐☐☐☐
7) ☐☐☐☐

参考：元音「い」和「う」的无声化
元音「い」和「う」在无声辅音 k、s、t、p、h 之间或者句尾的「です」「ます」的时候不发音或发轻音。

　　例：chi̥katetsu　ちかてつ　　　　ku̥tsu　くつ

5 な に ぬ ね の

1．听力练习

5-1 な に ぬ ね の

a	i	u	e	o
ka	ki	ku	ke	ko
sa	shi	su	se	so
ta	chi	tsu	te	to
na	**ni**	**nu**	**ne**	**no**
ha	hi	fu	he	ho
ma	mi	mu	me	mo
ya	(i)	yu	(e)	yo
ra	ri	ru	re	ro
wa	(i)	(u)	(e)	o
n				

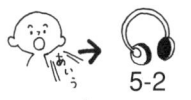

2．朗读练习

5-2

1) な に ぬ ね の
   に の ぬ ね な

2) なつ におい いぬ ねこ のど

3．问题

与下面的字母相同的是哪个？

例1： い　　(a: こ　　b: い　　c: り　　d: ハ　)

例2： う　　(a: ら　　b: つ　　c: う　　d: ラ　)

1) に　　(a: 仁　　b: し二　　c: に　　d: た　)

2) の　　(a: ∩　　b: の　　c: σ　　d: 6　)

3) ね　　(a: ね　　b: れ　　c: ぬ　　d: わ　)

4) ぬ　　(a: 奴　　b: ぬ　　c: め　　d: ね　)

5) な　　(a: よ　　b: 奈　　c: +よ　　d: な　)

4. 书写练习

5. 再写一遍

6．写单词

1) いぬ

2) ねこ

3) のど

4) なに

5) におい

6) おかね

译： 6.1) inu（狗） 2) neko（猫） 3) nodo（咽喉） 4) nani（什么）
　　　5) nioi（味儿） 6) okane（钱）

6 はひふへほ、ばびぶべぼ、ぱぴぷぺぽ

1．听力练习

6-1 は ひ ふ へ ほ

2．朗读练习

6-2

1) は ひ ふ へ ほ
   へ ひ は ふ ほ

2) はな ひと ふね ほそい へた

3．听力练习

6-3 ば び ぶ べ ぼ

4．朗读练习

6-4

1) ば び ぶ べ ぼ
   ぶ ぼ べ ば び

2) ひび かべ ぼく たばこ かぶき

5．听力练习

6-5 ぱ ぴ ぷ ぺ ぽ

6．朗读练习

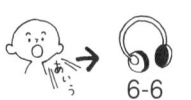

6-6

1) ぱ ぴ ぷ ぺ ぽ
   ぴ ぽ ぱ ぺ ぷ

2) ぱちぱち ぴかぴか ぷかぷか ぺたぺた ぽきぽき

a	i	u	e	o
ka	ki	ku	ke	ko
sa	shi	su	se	so
ta	chi	tsu	te	to
na	ni	nu	ne	no
ha	hi	fu	he	ho
ma	mi	mu	me	mo
ya	(i)	yu	(e)	yo
ra	ri	ru	re	ro
wa	(i)	(u)	(e)	o
n				
ga	gi	gu	ge	go
za	ji	zu	ze	zo
da	ji	zu	de	do
ba	bi	bu	be	bo
pa	pi	pu	pe	po

ga	gi	gu	ge	go
za	ji	zu	ze	zo
da	ji	zu	de	do
ba	bi	bu	be	bo
pa	pi	pu	pe	po

7．问题

请听CD，圈出你所听到的单词。

例：ほかほか ： ぽかぽか

1）ふかふか ： ぷかぷか　　2）ふかふか ： ぶかぶか
3）ひくひく ： びくびく　　4）ぺたぺた ： べたべた
5）ぱたぱた ： ばたばた　　6）ぽきぽき ： ぼきぼき

8．书写练习

如下所示,「ば、び、ぶ、べ、ぼ」是「は、ひ、ふ、へ、ほ」加上两点而成。

ば ba				び bi				ぶ bu			
べ be				ぼ bo							

如下所示,「ぱ、ぴ、ぷ、ぺ、ぽ」是在「は、ひ、ふ、へ、ほ」的右上方加上一个小圆圈而成。

ぱ pa				ぴ pi				ぷ pu			
ぺ pe				ぽ po							

9．再写一遍

はひふへほ　　ばびぶべぼ

ぱぴぷぺぽ

10. 写单词

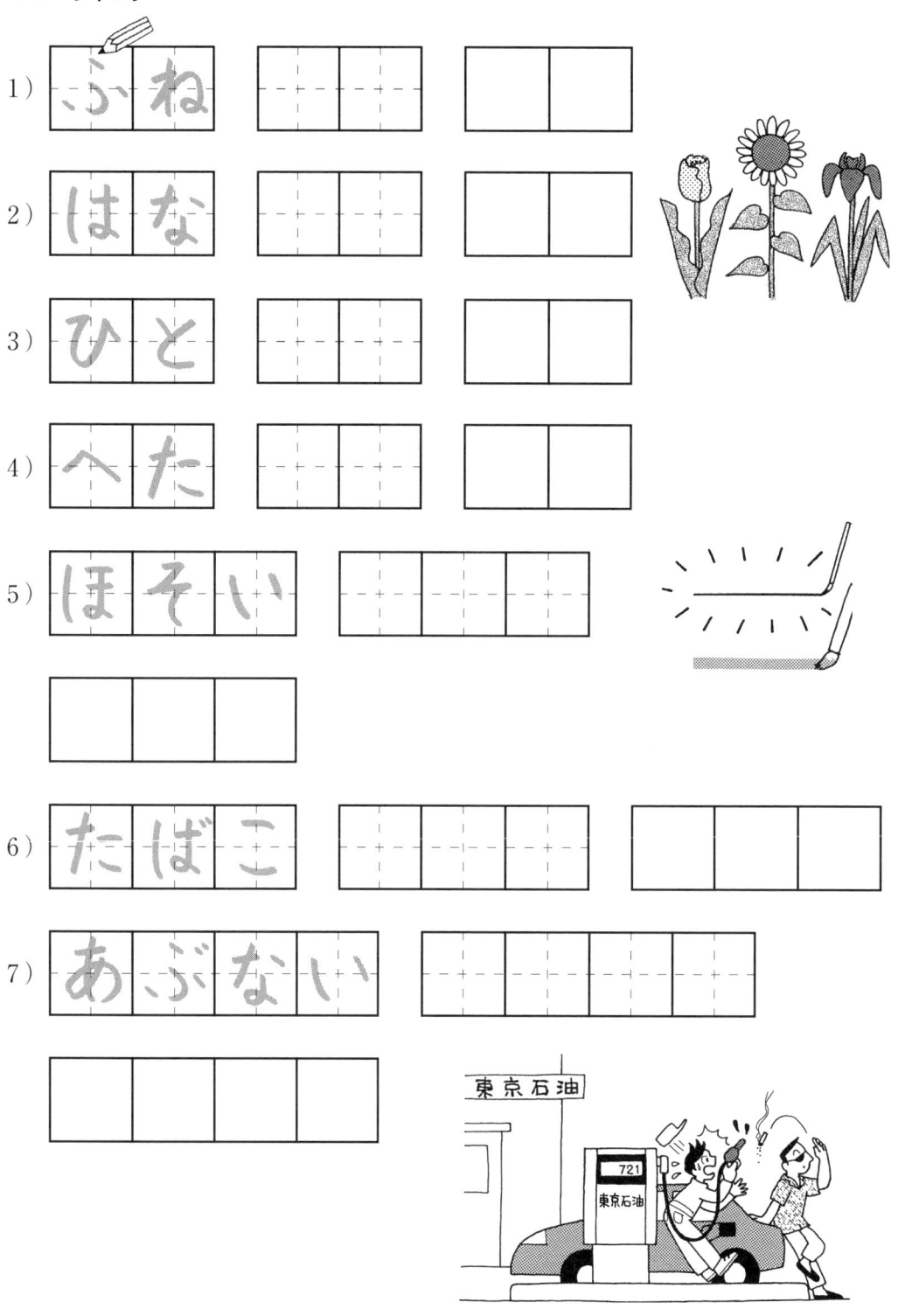

1) ふね

2) はな

3) ひと

4) へた

5) ほそい

6) たばこ

7) あぶない

译： 10.1) fune（船） 2) hana（花） 3) hito（人） 4) heta（笨拙）
　　　5) hosoi（细） 6) tabako（香烟） 7) abunai（危险）

単元練习（5～6）

1．朗读练习

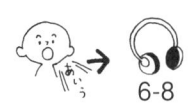

6-8

1) はな　　2) いぬ　　3) ふね
4) なに　　5) ぼく*　6) のど
7) たばこ　　　8) こいびと
9) かぶき　　　10) ぽかぽか

* ぼ￣く　也可以读成　ぼ￣く 。

2．听写练习

6-9

1) ☐☐　　2) ☐☐　　3) ☐☐
4) ☐☐　　5) ☐☐☐　6) ☐☐☐
7) ☐☐☐☐

7　まみむめも、やゆよ

1．听力练习

7-1　まみむめも

a	i	u	e	o
ka	ki	ku	ke	ko
sa	shi	su	se	so
ta	chi	tsu	te	to
na	ni	nu	ne	no
ha	hi	fu	he	ho
ma	**mi**	**mu**	**me**	**mo**
ya	(i)	yu	(e)	yo
ra	ri	ru	re	ro
wa	(i)	(u)	(e)	o
n				

2．朗读练习

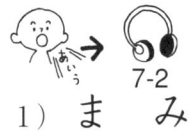

7-2

1) まみむめも
　　むめもまみ
2) みず　あめ　なまえ　むすこ
　　のみもの

3．听力练习

7-3　やゆよ

a	i	u	e	o
ka	ki	ku	ke	ko
sa	shi	su	se	so
ta	chi	tsu	te	to
na	ni	nu	ne	no
ha	hi	fu	he	ho
ma	mi	mu	me	mo
ya	**(i)**	**yu**	**(e)**	**yo**
ra	ri	ru	re	ro
wa	(i)	(u)	(e)	o
n				

4．朗读练习

7-4

1) や　ゆ　よ　よ　ゆ　や
2) やま　ゆき　よみかた　ふゆ

5．问题

请从右边的方框中找出下列平假名，并用〇圈出。

例：いま　　　　ima
1) やま　　　　yama
2) ゆき　　　　yuki
3) あめ　　　　ame
4) およぐ　　　oyogu
5) さむい　　　samui
6) ともだち　　tomodachi

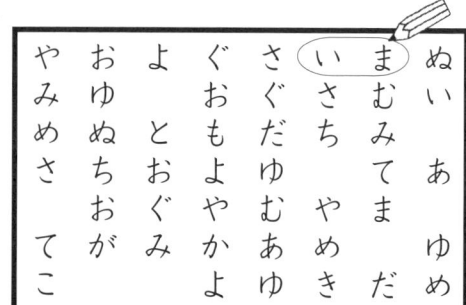

译：5.例：现在　1) 山　2) 雪　3) 雨　4) 游泳　5) 冷　6) 朋友

6. 书写练习

| | ma | まma | mi み | mu む | me め | mo も |

(handwriting practice grids for ま mi み mu む me め mo も, and や yu ゆ よ yo, with 误字例 examples)

— ni-jū nana 27 (にじゅう なな) —

7．再写一遍

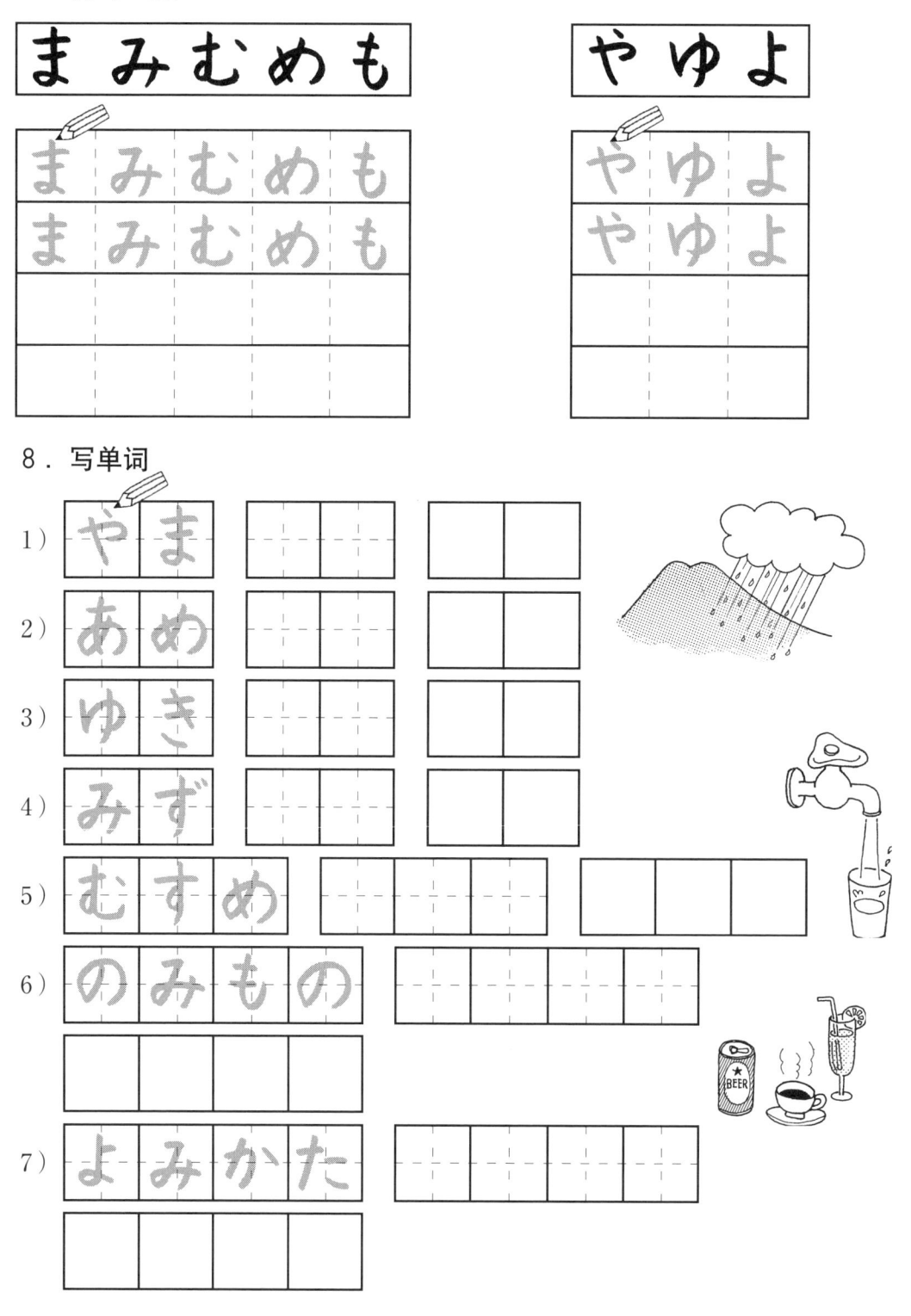

ま	み	む	め	も

や	ゆ	よ

8．写单词

1) やま
2) あめ
3) ゆき
4) みず
5) むすめ
6) のみもの
7) よみかた

译： 8.1) yama（山） 2) ame（雨） 3) yuki（雪） 4) mizu（水）
　　　5) musume（女儿） 6) nomimono（饮料） 7) yomi-kata（读法）

8 ら り る れ ろ、わ、を、ん

1．听力练习

8-1 ら り る れ ろ

a	i	u	e	o
ka	ki	ku	ke	ko
sa	shi	su	se	so
ta	chi	tsu	te	to
na	ni	nu	ne	no
ha	hi	fu	he	ho
ma	mi	mu	me	mo
ya	(i)	yu	(e)	yo
ra	**ri**	**ru**	**re**	**ro**
wa	(i)	(u)	(e)	o*
n				

2．朗读练习

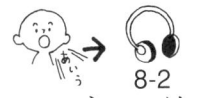

8-2

1) ら り る れ ろ
   れ り ら る ろ

2) ひる どれ いくら ひだり
   しろい

3．听力练习

8-3 わ を ん

a	i	u	e	o
ka	ki	ku	ke	ko
sa	shi	su	se	so
ta	chi	tsu	te	to
na	ni	nu	ne	no
ha	hi	fu	he	ho
ma	mi	mu	me	mo
ya	(i)	yu	(e)	yo
ra	ri	ru	re	ro
wa	**(i)**	**(u)**	**(e)**	**o***
n				

4．朗读练习

8-4

1) わ を ん を ん わ

2) わたしも りんごを* たべます

*「を」与「お」的发音相同但使用方法不一样。「を」是助词，必须与名词一起使用。详细内容将在12 (p.50) 学习。

5．问题

请从右边的方框中找出下列平假名，并用○圈出。

例： なまえ　　namae
1) どれ　　　dore
2) よる　　　yoru
3) いくら　　ikura
4) ひだり　　hidari
5) わたし　　watashi

み	ろ	ひ	だ	り	わ	た	と
ち	よ	る	つ	ひ	ど	れ	ね
よ	ろ	め	✎	ど	わ	た	し
わ	(な	ま	え)	ぬ	ど	わ	よ
り	と	れ	い	く	ら	の	れ

译： 5.例：名字 1) 哪一个 2) 晚上 3) 多少、多少钱 4) 左、左边 5) 我

6. 书写练习

								误字例
ra らら	ら	ら	ら			ら		
	ら					ら		
ri り	り	り	り			り		误字例
	り					り		
ru る	る	る				る		误字例
	る					る		
re れ	れ	れ	れ			れ		误字例
	れ					れ		
ro ろ	ろ	ろ				ろ		误字例
	ろ					ろ		

								误字例
wa わ	わ	わ	わ			わ		
	わ					わ		
o を	を	を	を			を		误字例
	を					を		
n ん	ん	ん				ん		误字例
	ん					ん		

7. 再写一遍

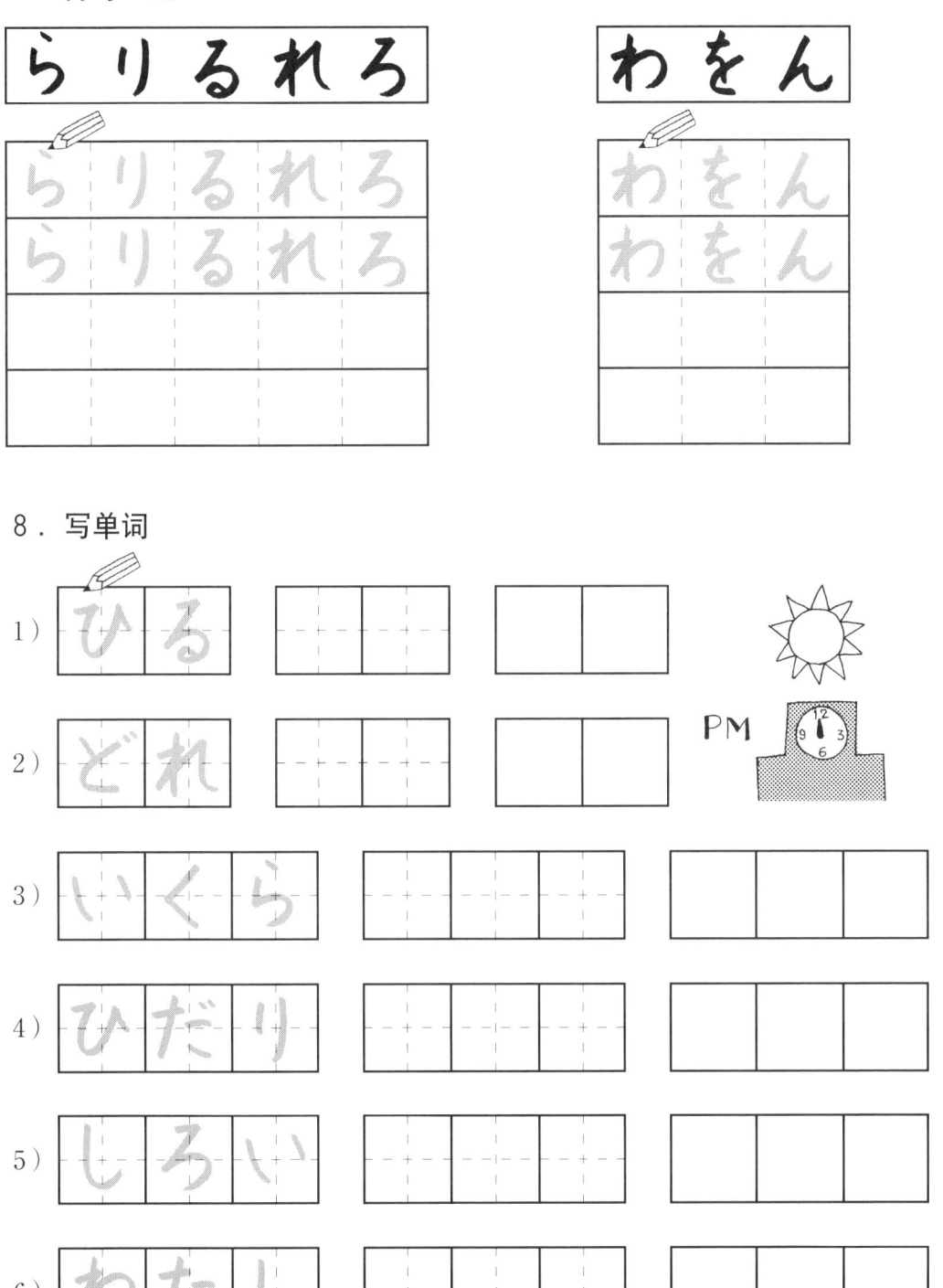

ら	り	る	れ	ろ

わ	を	ん

8. 写单词

1) ひる
2) どれ
3) いくら
4) ひだり
5) しろい
6) わたし

译： 8.1) hiru（白天、中午） 2) dore（哪一个） 3) ikura（多少、多少钱）
4) hidari（左、左边） 5) shiroi（白） 6) watashi（我）

单元练习（7～8）

1．朗读练习

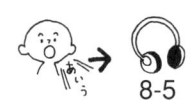

8-5

1) やま　　2) よる　　3) どれ

4) あめ　　5) ゆき　　6) むすこ

7) いくら　　　　8) わたし

9) みかん　　　10) ともだち

2．听写练习

8-6

1) ☐☐　　2) ☐☐　　3) ☐☐

4) ☐☐☐　　5) ☐☐☐　　6) ☐☐☐

7) ☐☐☐　　8) ☐☐☐　　9) ☐☐☐☐

10) ☐☐☐☐

检查一下！

下面的各组空格是学习者容易混同的平假名。请把正确的平假名填入这些空格。

1)
か	き	[1]	け	こ
は	ひ	ふ	[2]	ほ

2)
あ	[3]	う	え	お
か	き	く	け	[4]

3)
あ	い	[5]	え	お
[6]	り	る	れ	ろ

4)
[7]	ち	つ	て	と
な	[8]	ぬ	ね	の

5)
ら	り	[9]	れ	[10]

6)
か	[11]	く	け	こ
[12]	し	す	せ	そ

7)
さ	し	[13]	せ	そ
ま	み	[14]	め	も

8)
[15]	ひ	ふ	へ	[16]
[17]	み	む	め	も

9)
[18]	い	う	え	お
ま	み	む	[19]	も
な	に	[20]	ね	の

10)
な	に	ぬ	[21]	の
ら	り	る	[22]	ろ
[23]				を
ん				

测验 1

请完成下面的平假名表。

a あ	i	u	e	o
ka	ki	ku	ke	ko
sa	shi	su	se	so
ta	chi	tsu	te	to
na	ni	nu	ne	no
ha	hi	fu	he	ho
ma	mi	mu	me	mo
ya		yu		yo
ra	ri	ru	re	ro
wa				o

n ん

ga	gi	gu	ge	go
za	ji	zu	ze	zo
da	ji	zu	de	do

ba	bi	bu	be	bo
pa	pi	pu	pe	po

测验 2

tesuto 2
(测验 2)

请听 CD,把听到的平假名单词填入空格。

1) ☐☐ 2) ☐☐☐ 3) ☐☐☐

4) ☐☐ 5) ☐☐ 6) ☐☐☐☐ 7) ☐☐☐

8) ☐☐☐ 9) ☐☐☐ 10) ☐☐☐ 11) ☐☐

12) ☐☐ 13) ☐☐☐ 14) ☐☐☐ 15) ☐☐

16) ☐☐☐ 17) ☐☐☐ 18) ☐☐☐ 19) ☐☐

20) ☐☐☐

专栏 3

日语的字体

　　日语的文字字体由于设计的关系看上去会很不相同。由于线条的粗细、线条的开始与结束的设计的不同，即使同样的字看上去也会象是完全不同的字一样，有的字由于线条与线条的连接，形状也会多少发生变化。

　　在近10年到20年之间，字体的种类大幅度地增加了。在杂志、广告和街道的招牌上，出现了许多有个性的引人注目的字体。大家也许有机会在哪儿看到。

在这里向大家介绍几种字体以供参考。请注意观察什么地方不一样。

かきくけこ　さしすせそ　はひふへほ

かきくけこ　さしすせそ　はひふへほ

かきくけこ　さしすせそ　はひふへほ

かきくけこ　さしすせそ　はひふへほ

かきくけこ　さしすせそ　はひふへほ

9 长元音

1. 听力练习

短元音		:	长元音	
obasan（姑妈、姨妈、阿姨）	おばさん	:	obāsan（祖母、外祖母、老太太）	おばあさん
ojisan（伯伯、叔叔、舅舅）	おじさん	:	ojiisan（祖父、外祖父、老爷爷）	おじいさん
yuki（雪）	ゆき	:	yūki（勇气）	ゆうき
e（画）	え	:	ē（好吧）	ええ
heya（房间）	へや	:	heiya（平原）	へいや
koko（这里）	ここ	:	kōkō（高中）	こうこう
toru（取）	とる	:	tōru（通过）	とおる

从第一个例子看，「おばさん」的「ば」是短音，「おばあさん」的「ばあ」是长音。发音的长短不同，单词的词意也随之不同。下表归纳了长元音的平假名书写方法。

短　　音	添写平假名		长音 写法例
あ か が さ ざ た だ な は ば ぱ ま や ら わ	あ	→	かあ、さあ
い き ぎ し じ ち ぢ に ひ び ぴ み　り	い	→	きい、しい
う く ぐ す ず つ づ ぬ ふ ぶ ぷ む ゆ る	う	→	くう、すう
え け げ せ ぜ て で ね へ べ ぺ め　れ	い／え*	→	けい、せい、ねえ
お こ ご そ ぞ と ど の ほ ぼ ぽ も よ ろ	う／お*	→	こう、そう、とお

＊元音「え」和「お」：很少使用「え」「お」写长元音。通常用「い」代替「え」，「う」代替「お」。

2．问题

请听 CD，圈出你所听到的单词。

例： ここ ：こうこう

1) ま：まあ　　　2) い：いい　　　3) ふ：ふう　　　4) ね：ねえ
5) と：とお　　　6) も：もう　　　7) ほし：ほしい　 8) くろ：くろう
9) ゆめ：ゆうめい 10) こてい：こうてい

3．写单词

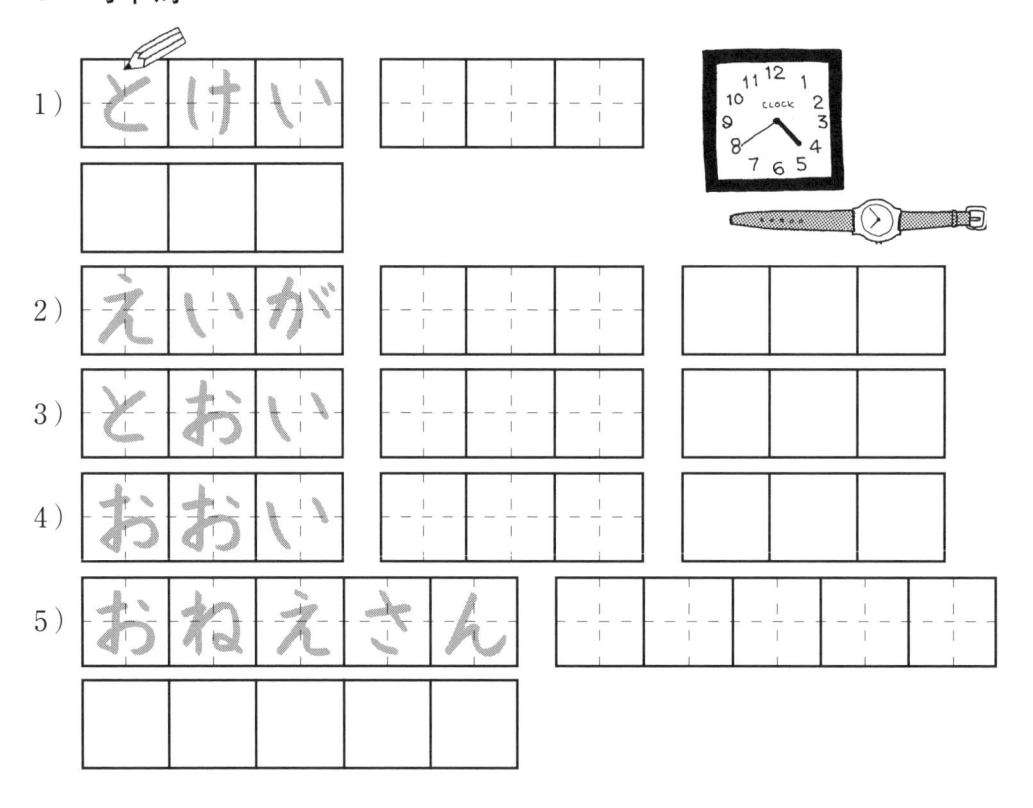

1) とけい

2) えいが

3) とおい

4) おおい

5) おねえさん

译： 3.1) tokei（钟、表） 2) eiga（电影） 3) tōi(远) 4) ōi(多)
　　　5) onēsan（姐姐）

4．听写练习

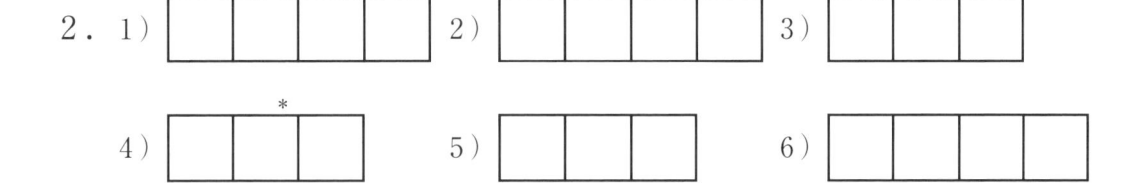

请听 CD，在空格里填写字母。有 ＊ 记号的地方，填写「え」或「お」。

1. 1) お☐☐さん　2) お☐☐さん

   3) お☐☐さん　4) お☐☐さん

   5) お☐☐さん　6) お☐*☐さん　わたし　7) い☐☐と　8) お☐☐と

2. 1) ☐☐☐☐　2) ☐☐☐☐　3) ☐☐☐

   4) ☐☐*☐　5) ☐☐☐☐　6) ☐☐☐☐

10 小「っ」

1．听力练习

请听 CD，注意左右单词的发音的不同。

kako（过去）	かこ	：	kakko（括号）	かっこ
isai（异彩）	いさい	：	issai（一岁）	いっさい
oto（声音）	おと	：	otto（丈夫）	おっと
ichi（一）	いち	：	itchi（一致）	いっち

你能区分发音的不同了吗？请比较一下用平假名写的左右的单词。右边的单词中有小的「っ」。这个「っ」虽不发音，但这个部分要空出相当于读一个文字的间隙，即停一拍。这个小「っ」用于书写前述罗马字表记的例子中 kk、ss、tt、tch 以及 pp（例：ki**pp**u　きっぷ　票）等的开始的辅音部分。但请注意，这个小「っ」不能用于书写 nn（例：do**nn**a　どんな　怎样）。

2．朗读练习

朗读时请注意「っ」。请听 CD，确认发音。

1）きて、きって　　2）いて、いって　　3）もと、もっと
4）かき、かっき　　5）ぴたり、ぴったり　6）きっぷ
7）みっつ　　　　　8）どっち　　　　　9）あさって
10）ゆっくり

3．写单词

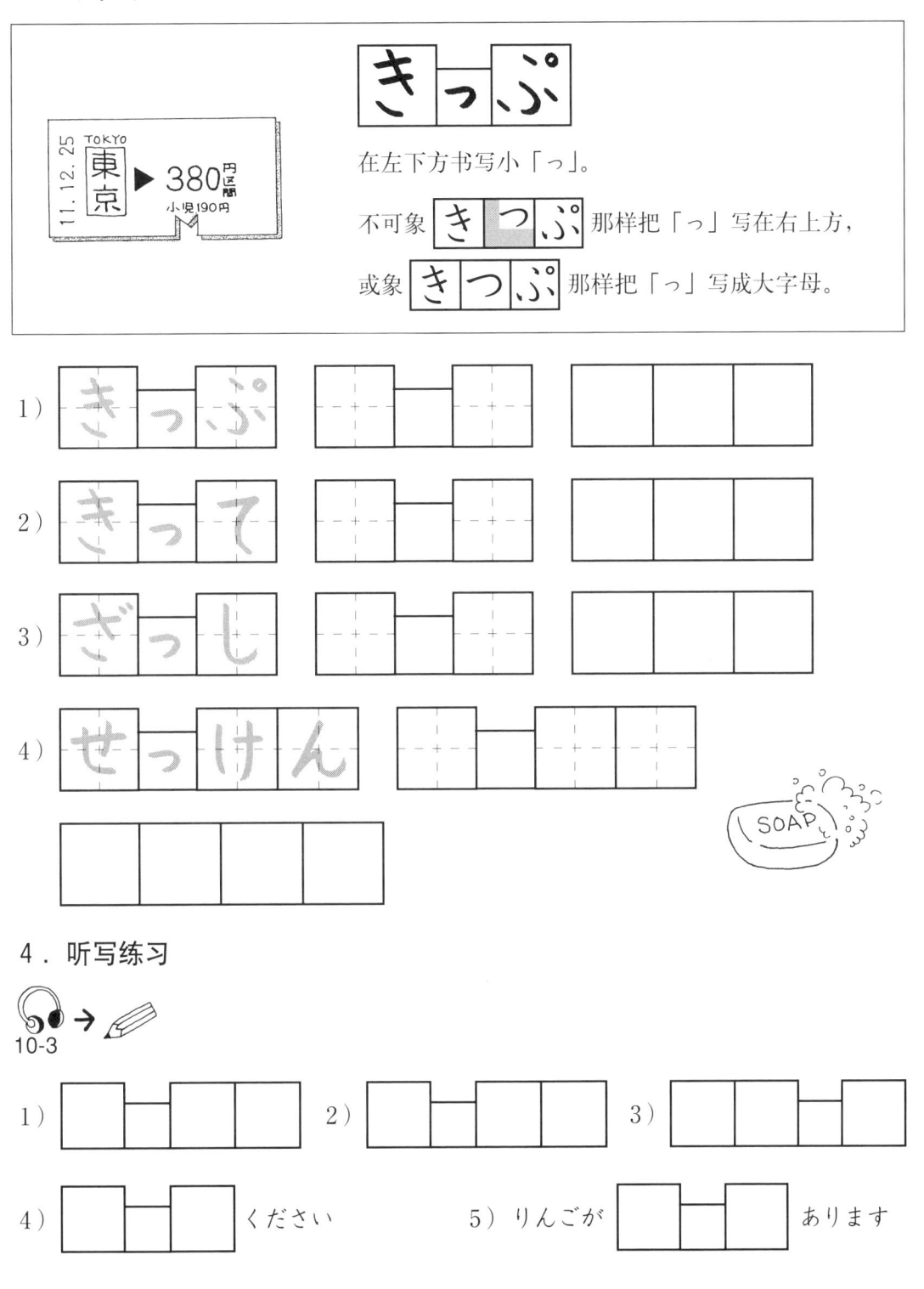

| きっぷ |

在左下方书写小「っ」。

不可象 き っぷ 那样把「っ」写在右上方，

或象 きつぷ 那样把「っ」写成大字母。

1) きっぷ

2) きって

3) ざっし

4) せっけん

4．听写练习

10-3

1)　　2)　　3)

4) 　　ください　　5) りんごが 　　あります

译：3.1) kippu（票） 2) kitte（邮票） 3) zasshi（杂志） 4) sekken（肥皂）

11 きゃ、きゅ、きょ

1．听力练习

11-1 请听 CD，注意左右单词的发音的不同。

hiyaku	ひやく	:	hyaku	ひゃく
（飞跃）			（一百）	
kashiya	かしや	:	kasha	かしゃ
（出租的房子）			（货车）	

左侧的单词各个字母发一个音，如「ひ や く」；右侧的单词把「ひゃ」发成一个音，如「ひゃ く」。在书写这些音节时，「や、ゆ、よ」的字母必须小写。

2．朗读练习

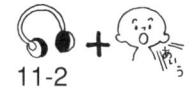

11-2 请边看下面的表，边听发音，然后试一试自己发音。

①
きゃ	きゅ	きょ
kya	kyu	kyo
しゃ	しゅ	しょ
sha	shu	sho
ちゃ	ちゅ	ちょ
cha	chu	cho
にゃ	にゅ	にょ
nya	nyu	nyo
ひゃ	ひゅ	ひょ
hya	hyu	hyo

②
みゃ	みゅ	みょ
mya	myu	myo
りゃ	りゅ	りょ
rya	ryu	ryo

③
ぎゃ	ぎゅ	ぎょ
gya	gyu	gyo
じゃ	じゅ	じょ
ja	ju	jo

④
びゃ	びゅ	びょ
bya	byu	byo
ぴゃ	ぴゅ	ぴょ
pya	pyu	pyo

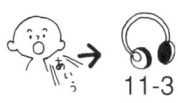

请朗读下列单词，注意○ゃ○ゅ○ょ。

11-3

1） じしょ　　　　2） おちゃ　　　　3） ひゃく

4） かいしゃ　　　5） しゅくだい

3. 写书练习

请象写小「っ」一样，把○ゃ、○ゅ、○ょ写在左下方，约为普通字母的一半大小。

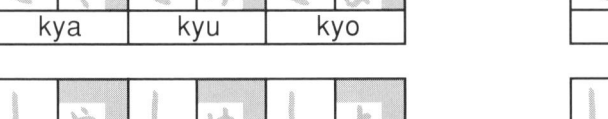

①
きゃ	きゅ	きょ
kya	kyu	kyo

しゃ	しゅ	しょ
sha	shu	sho

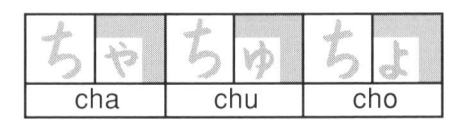

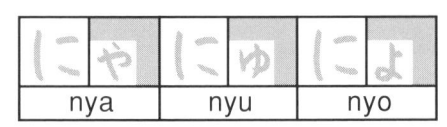

ちゃ	ちゅ	ちょ
cha	chu	cho

にゃ	にゅ	にょ
nya	nyu	nyo

ひゃ	ひゅ	ひょ
hya	hyu	hyo

②
みゃ	みゅ	みょ
mya	myu	myo

りゃ	りゅ	りょ
rya	ryu	ryo

③
ぎゃ	ぎゅ	ぎょ
gya	gyu	gyo

じゃ	じゅ	じょ
ja	ju	jo

④
びゃ	びゅ	びょ
bya	byu	byo

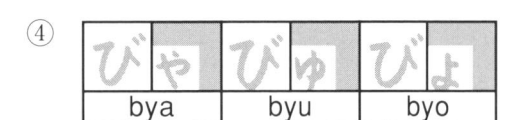

ぴゃ	ぴゅ	ぴょ
pya	pyu	pyo

4．写单词

1) じしょ

2) おちゃ

3) ひゃく

4) きょねん

5) しゅくだい

译： 4．1) jisho（词典） 2) ocha（茶） 3) hyaku（一百） 4) kyonen（去年）
　　　5) shukudai（课外作业）

きゃあ、きゅう、きょう

○ゃ、○ゅ、○ょ的长元音要写成○ゃあ、○ゅう、○ょう。(不使用「お」。)

1. 朗读练习

11-4

①
きゃあ	きゅう	きょう
kyā	kyū	kyō
しゃあ	しゅう	しょう
shā	shū	shō
ちゃあ	ちゅう	ちょう
chā	chū	chō
にゃあ	にゅう	にょう
nyā	nyū	nyō
ひゃあ	ひゅう	ひょう
hyā	hyū	hyō

②
みゃあ	みゅう	みょう
myā	myū	myō
りゃあ	りゅう	りょう
ryā	ryū	ryō

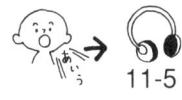

③
ぎゃあ	ぎゅう	ぎょう
gyā	gyū	gyō
じゃあ	じゅう	じょう
jā	jū	jō

④
びゃあ	びゅう	びょう
byā	byū	byō
ぴゃあ	ぴゅう	ぴょう
pyā	pyū	pyō

11-5　请朗读下列单词，并注意○ゅう○ょう的部分。

1) きよう、きょう　　2) びよういん、びょういん

3) べんきょう　　4) ちゅうごく　　5) ぎゅうにゅう

2. ✎ 写书练习

象写小「っ」一样，把○ゃ○ゅ○ょ写在左下方，大小约为普通字母的一半。

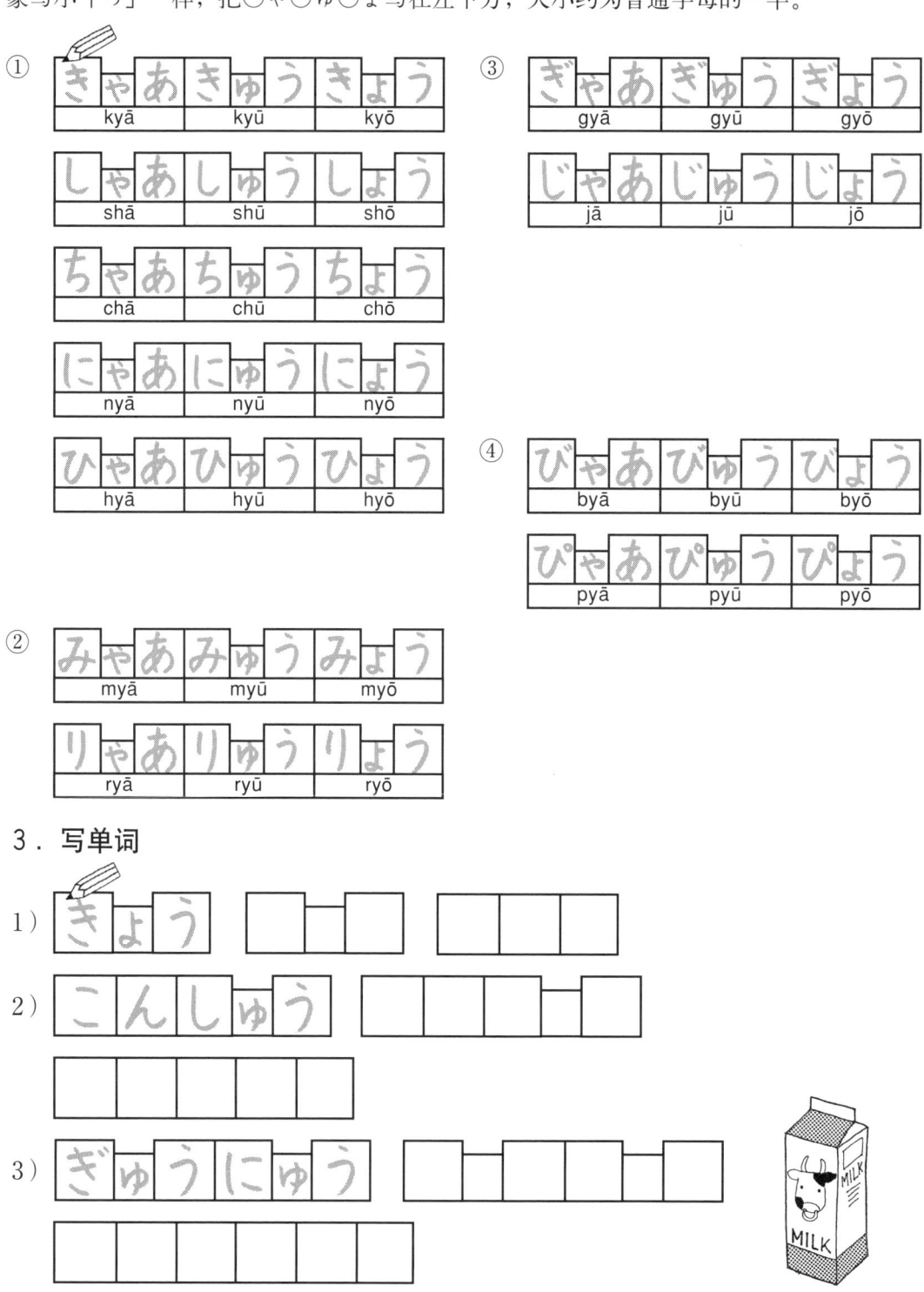

①
きゃあ	きゅう	きょう
kyā	kyū	kyō

しゃあ	しゅう	しょう
shā	shū	shō

ちゃあ	ちゅう	ちょう
chā	chū	chō

にゃあ	にゅう	にょう
nyā	nyū	nyō

ひゃあ	ひゅう	ひょう
hyā	hyū	hyō

③
ぎゃあ	ぎゅう	ぎょう
gyā	gyū	gyō

じゃあ	じゅう	じょう
jā	jū	jō

④
びゃあ	びゅう	びょう
byā	byū	byō

ぴゃあ	ぴゅう	ぴょう
pyā	pyū	pyō

②
みゃあ	みゅう	みょう
myā	myū	myō

りゃあ	りゅう	りょう
ryā	ryū	ryō

3. 写单词

1) きょう

2) こんしゅう

3) ぎゅうにゅう

译： 3.1) kyō（今天） 2) konshū（本星期） 3) gyūnyū（牛奶）

きゃっ、きゅっ、きょっ

有时会有○ゃ○ゅ○ょ的后面跟小「っ」的情况。

1．听力练习

chotto （一会儿）	ちょっと	juppun （10分钟）	じゅっぷん
shutchō （出差）	しゅっちょう		

2．写单词

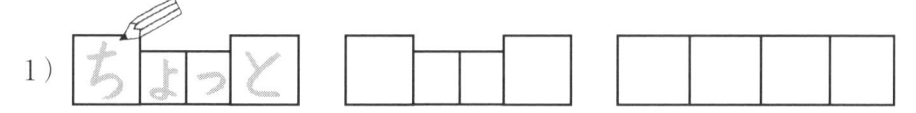

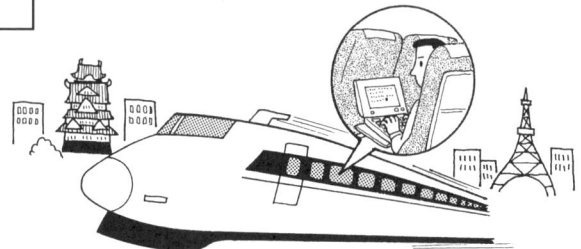

1) ちょっと

2) じゅっぷん

3) しゅっちょう

単元练习 (9~11)

1. 朗读练习

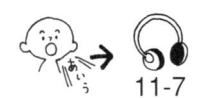

1) とけい
2) おはよう
3) ざっし
4) あさって
5) おちゃ
6) きょう
7) かいしゃ
8) ぎゅうにゅう

2. 听写练习

1) ☐☐☐
2) ☐☐☐
3) ☐☐☐☐
4) ☐☐☐☐
5) ☐☐☐☐
6) ☐☐☐☐
7) ☐☐☐
8) ☐☐☐☐☐
9) ☐☐☐☐☐
10) ☐☐☐☐☐

12 句子中的「は、へ、を」的使用方法

は [wa] ・ へ [e] ・ を [o]

は 12-1

例：
1）わたしは けんしゅうせいです。　　　　我是研修生。
　　Watashi wa kenshūsei desu.
2）わたしは にほんじんでは ありません。　我不是日本人。
　　Watashi wa Nihon-jin dewa arimasen.
3）こんにちは。　　　　　　　　　　　　你好。
　　Konnichiwa.

例 1）
「は」原来是发[ha]的音。但当「は」作为助词使用时，则发[wa]的音。

例 2）和 例 3）
「では ありません」中的「は」、「こんにちは」中的「は」通常不写成「わ」而写成「は」。

へ 12-2

例：
1）きのう にほんへ きました。　　　（我）是昨天来到日本的。
　　Kinō Nihon e kimashita.
2）らいねん くにへ かえります。　　（我）明年回国。
　　Rainen kuni e kaerimasu.
3）ぎんこうへ いきます。　　　　　　（我）去银行。
　　Ginkō e ikimasu.

「へ」原来是发[he]的音。但当「へ」作为助词使用时，则发[e]的音。

参考：助词起着连接单词形成句子的作用。
　　　　例① かいしゃ　　いきます
　　　　　　公司　　　　去
　　　　例② かいしゃへ　いきます。　（（我）去公司。）
　　　　　　公司　　　　去

例①仅仅是2个单词排列在一起，而例②由于在「公司」这一单词的后面加上了助词「へ」，从而明确了2个单词的词意上的关系。

を　12-3

例：
1）ほん<u>を</u>　よみます。　　　　　　　　　（我）看书。
　　Hon <u>o</u> yomimasu.
2）にほんご<u>を</u>　べんきょうします。　　　（我）学习日语。
　　Nihon-go <u>o</u> benkyō-shimasu.

「お」和「を」都发[o]的音。与「を」只有作为助词的用法相反，「お」没有作为助词的用法。

平假名的句子

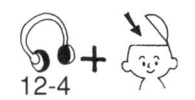

12-4

例：
1）わたしは　けんしゅうせいです。　　　　我是研修生。
　　Watashi wa kenshūsei desu.
2）わかりませんから、ゆっくり　はなして　ください。　我不明白，请说得慢一点儿。
　　Wakarimasen kara, yukkuri hanashite kudasai.
3）かのじょは「あなたが　すき」といった。　她说"我喜欢你"。
　　Kanojo wa anata ga suki to itta.

「。」用于句尾，表示一个句子的结束。在句子中间停顿时，象例2）那样用「、」表示。句子横着书写时，「。」和「、」要靠下写。另外，文中的引用句等要象例3）那样使用「 」符号。

1．朗読练习

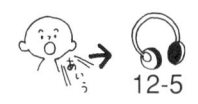

1）わたしは　すずきです。

2）せんせいでは　ありません。

3）ざっしを　よみます。

4）かいしゃへ　いきます。

5）こんばんは。

2．听写练习

例：わたしは　たなか　です。

1）_____　がくせい　_____

2）_____　いきます。

3）_____　ください。

4）_____

5）_____

6）_____

译： 1.1) Watashi wa Suzuki desu. 　　我是铃木。
　　　 2) Sensei dewa arimasen. 　　（我）不是教师。
　　　 3) Zasshi o yomimasu. 　　（我）看杂志。
　　　 4) Kaisha e ikimasu. 　　（我）去公司。
　　　 5) Konbanwa. 　　晚上好。

竖写

以上学了关于横写的书写方法，日语中还有竖写的形式。报纸、小说等几乎都是竖写的。竖写时要从每一页的右上方开始写。

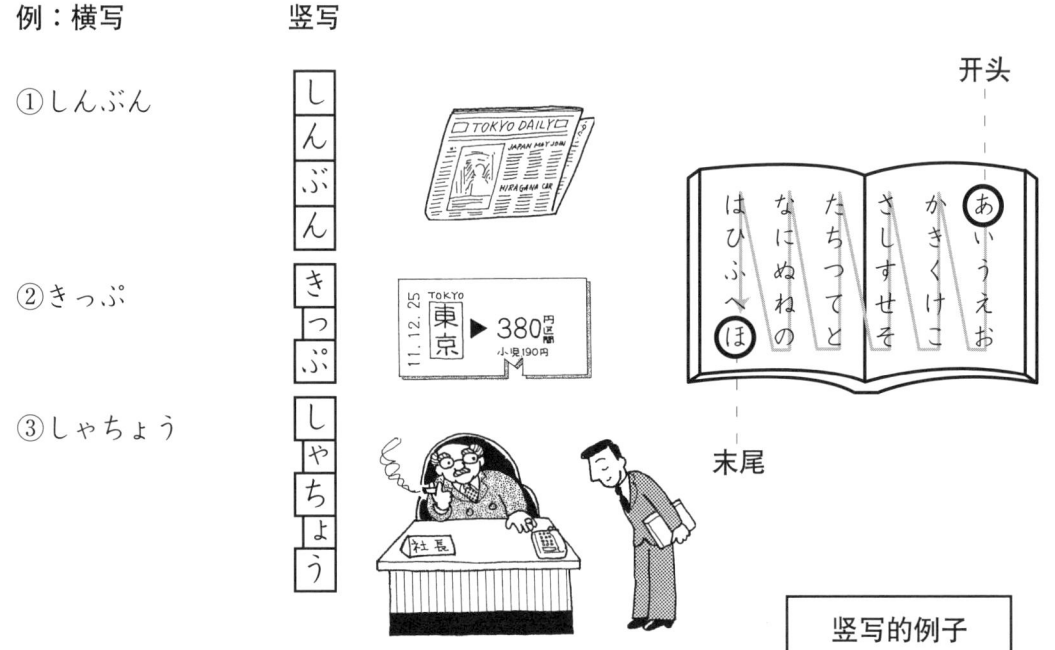

例：横写　　　　　竖写

① しんぶん　　　しんぶん

② きっぷ　　　　きっぷ

③ しゃちょう　　しゃちょう

开头

末尾

竖写的书写方法

例②「きっぷ」中的「っ」以及例③「しゃちょう」的「ゃ」、「ょ」，在竖写时要在靠近右上方处写。

「。」和「、」的书写位置也同样。
表示引用句的「　」符号的写法，如右边的例C所示。

竖写的例子

A　わたしは　けんしゅうせいです。

B　わかりませんから、ゆっくり　はなして　ください。

C　かのじょは「あなたが　すき」といった。

3. ✎ 书写练习

例：きっぷ

1) せっけん

2) かいしゃ

3) ぎゅうにゅう

4) おげんきですか。

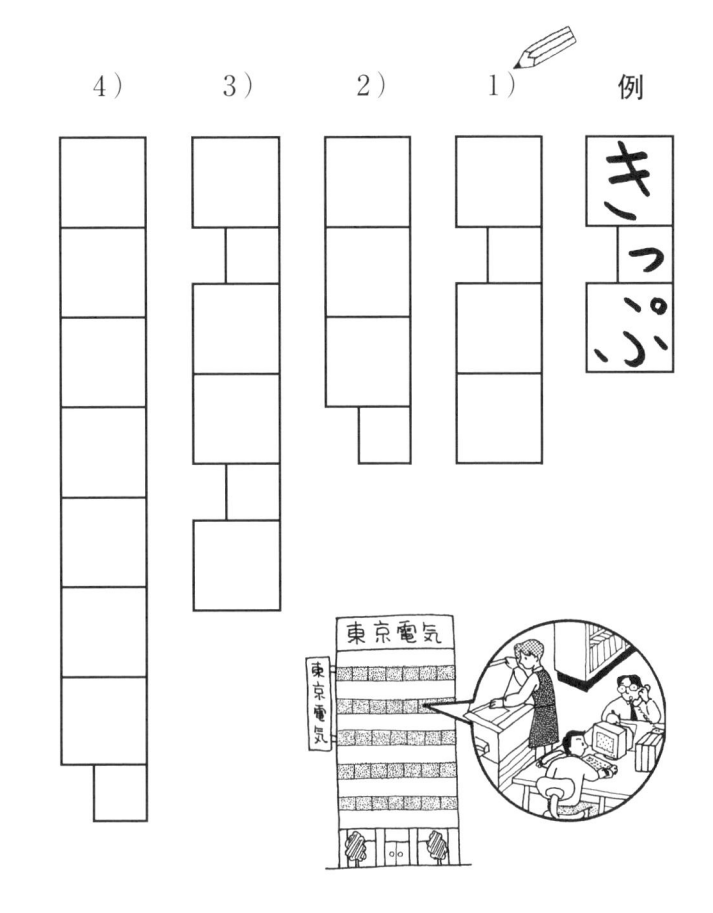

译： 3. 例：kippu（票） 1) sekken（肥皂） 2) kaisha（公司） 3) gyūnyū（牛奶）
4) O-genki desu ka.（你好吗?）

填字游戏

让我们用以上学到的单词来做一下填字游戏。还未记住所有单词的人，请听 CD 填空。

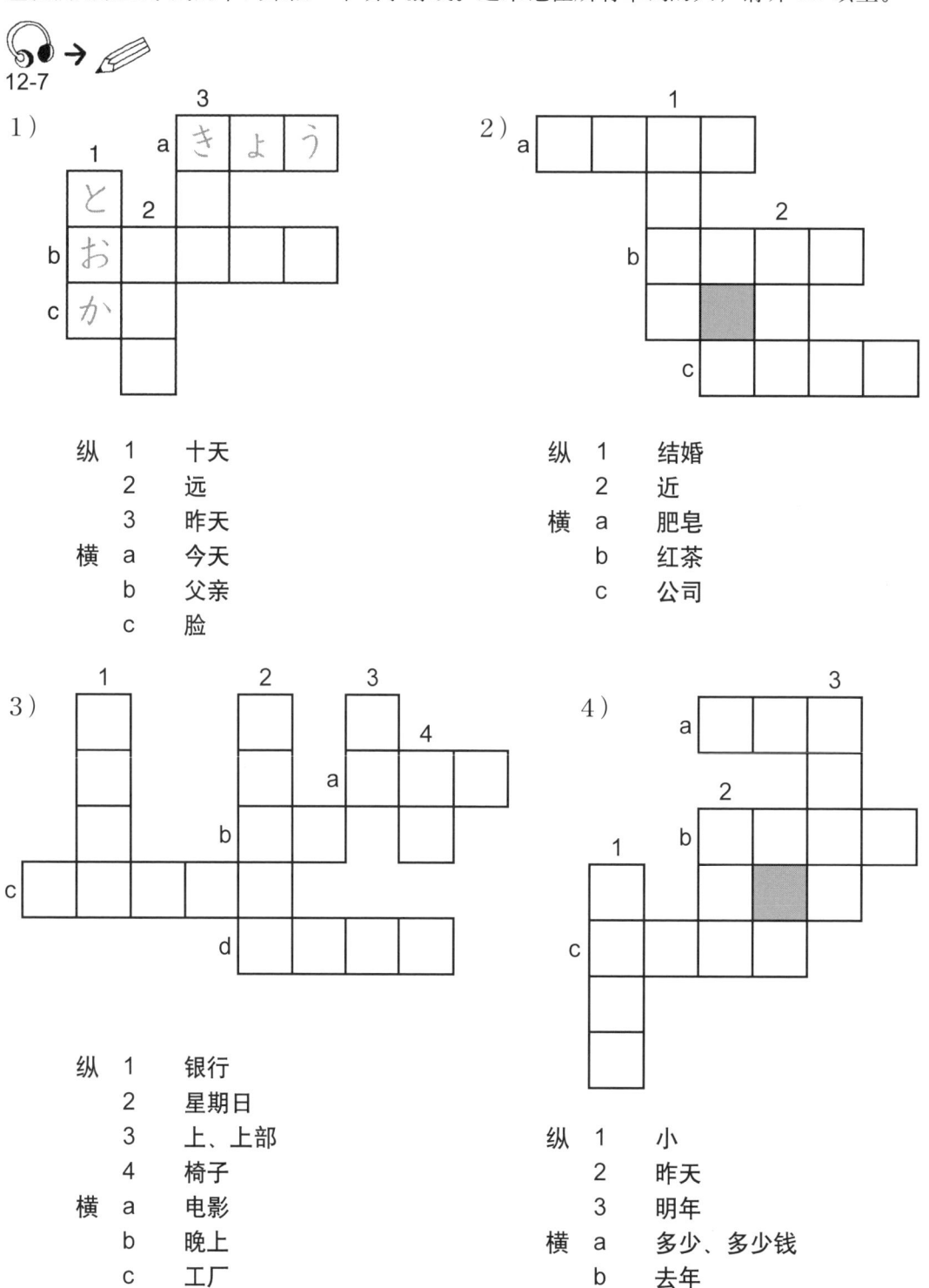

1)

纵　1　十天
　　2　远
　　3　昨天
横　a　今天
　　b　父亲
　　c　脸

2)

纵　1　结婚
　　2　近
横　a　肥皂
　　b　红茶
　　c　公司

3)

纵　1　银行
　　2　星期日
　　3　上、上部
　　4　椅子
横　a　电影
　　b　晚上
　　c　工厂
　　d　病

4)

纵　1　小
　　2　昨天
　　3　明年
横　a　多少、多少钱
　　b　去年
　　c　妹妹

测验 3

tesuto 3

1．请听CD，写下单词和句子。

1) ☐ 2) ☐

3) ☐

4) ☐ 5) ☐

6) ☐ 7) ☐

8) ☐ 9) ☐

10) ☐ ☐ ください。

2．这是纳隆先生写给田中先生的信。请听CD写下全文。

<u>5がつ23にち</u>

1) _____

2) _____

3) _____

4) _____

5) _____

纳隆

专栏 4
假名的由来

　　古时候，在用来表现日语的文字尚未问世的时代，日本人试图利用当时在文化和学术方面比较发达的中国的汉字，来表现日语。但是，由于中文和日语的发音完全不同，难以把中国的汉字原封不动地用来书写表现日语的发音。

　　于是，为了写下日语的发音，古人把很多汉字拆散并加以简化，从而形成了谁都易于书写，整体呈圆形的平假名。

　　另外，还取用汉字的一部分形成了以直线和多角为特征的片假名。平假名和片假名都诞生于一千多年以前。

　　平假名的变迁之例：

$$安 \rightarrow 安 \rightarrow 安 \rightarrow あ$$

　　片假名的变迁之例：

$$阿 \rightarrow 阝 \rightarrow ア \rightarrow ア$$

平假名的字源					片假名的字源				
あ安	い以	う宇	え衣	お於	ア阿	イ伊	ウ宇	エ江	オ於
か加	き幾	く久	け計	こ己	カ加	キ幾	ク久	ケ介	コ己
さ左	し之	す寸	せ世	そ曽	サ散	シ之	ス須	セ世	ソ曽
た太	ち知	つ川	て天	と止	タ多	チ千	ツ川	テ天	ト止
な奈	に仁	ぬ奴	ね祢	の乃	ナ奈	ニ仁	ヌ奴	ネ祢	ノ乃
は波	ひ比	ふ不	へ部	ほ保	ハ八	ヒ比	フ不	ヘ部	ホ保
ま末	み美	む武	め女	も毛	マ末	ミ三	ム牟	メ女	モ毛
や也		ゆ由		よ与	ヤ也		ユ由		ヨ与
ら良	り利	る留	れ礼	ろ呂	ラ良	リ利	ル流	レ礼	ロ呂
わ和				を遠	ワ和				ヲ乎
ん无					ンレ				

出处：《日本语教育事典》　日本语教育学会 编，大修馆书店

第2部分
片假名
かたかな

照片中的片假名

テレビ　　　　　　　　　　terebi（电视）

ビデオ　　　　　　　　　　bideo（录像）

パソコン　　　　　　　　　pasokon（电脑）

コインロッカー　　　　　　koin-rokkā（投币式自动存放柜）

カレーライス　　　　　　　karē raisu（咖喱饭）

ラーメン　　　　　　　　　rāmen（面条）

ホームページ　アドレス　　hōmupēji-adoresu（网址）

13 ア イ ウ エ オ、ン

用片假名书写的词语

1）外来语以及外国的地名、人名和事物的名称
　　例：カメラ（照相机），インド（印度），ラオさん（拉噢先生）
2）表现声音的词语（拟声词）、表现状态和情况的词语（拟态词）
　　例：トントン（嗵嗵），ガタガタ（喀哒喀哒）
3）想强调的词语
　　例：ビックリ！（吓一跳！）

动物和植物的名称也常用片假名书写。

字形的特征

　　平假名由许多曲线构成，与此相反，片假名有很多直线和角。在50音表中，ン排在最后，但却是经常用于片假名单词的音，所以把它放在片假名的开始部分来学习。此外在本教科书中，考虑到练习的方便，片假名的出现顺序与平假名有所不同。现在开始。

1．听力练习

请听发音，并记住下列字形。

ア	イ	ウ	エ	オ	ン
あ	い	う	え	お	ん

2．朗读练习

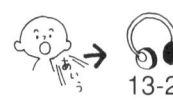

请先出声朗读下列字母，然后听 CD。

イ　オ　エ　ン　ア　ウ

3. 书写练习

							误字例	
ア あ	⇁	ア	ア				ア	
							误字例	
イ い	ノ	イ	イ	イ			イ	
							误字例	
ウ う	丶	・ノ	ウ	ウ	ウ		ウ	
							误字例	
エ え	ー	丁	エ	エ	エ		エ	
							误字例	
オ お	ー	十	オ	オ	オ		オ	
							误字例	
ン ん	丶	ン	ン	ン			ン	

4. 再写一遍

请先描淡色的字，然后试一试自己写。

| ア | イ | ウ | エ | オ | | ン |

| ア | イ | ウ | エ | オ |　　　| ン |
| ア | イ | ウ | エ | オ |　　　| ン |

5．请写出与下列各个平假名相对应的片假名

え	お	ん	あ	う	い	え
エ						

6．写单词

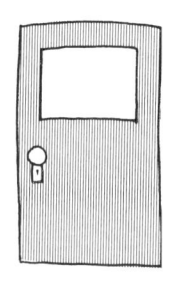

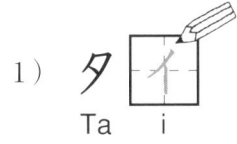

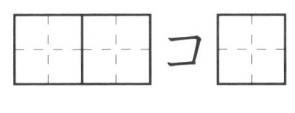

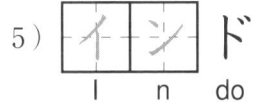

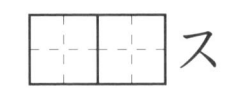

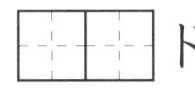

1) タイ　タ□　タ□
   Ta i

2) ドア　ド□　ド□
   do a

3) タオル　タ□ル　タ□ル
   ta o ru

4) エアコン　□□□コ□　□□コ□
   e a ko n

5) インド　□□ド　□□ド
   I n do

6) ウイスキー　□□スキー
   u i su kii

   □□スキー

译：　6.1) Tai（泰国）　2) doa（门）　3) taoru（毛巾）　4) eakon（空调）
　　　5) Indo（印度）　6) uisukii（威士忌酒）

14　カ キ ク ケ コ、ガ ギ グ ゲ ゴ

1．听力练习

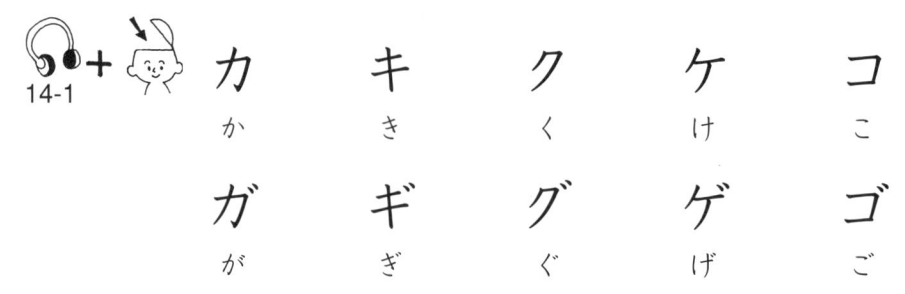

14-1　カ　キ　ク　ケ　コ
　　　か　き　く　け　こ

　　　ガ　ギ　グ　ゲ　ゴ
　　　が　ぎ　ぐ　げ　ご

2．朗读练习

14-2

1) ク　コ　キ　カ　ケ　　ギ　グ　ゲ　ゴ　ガ

2) エアコン

3.  书写练习

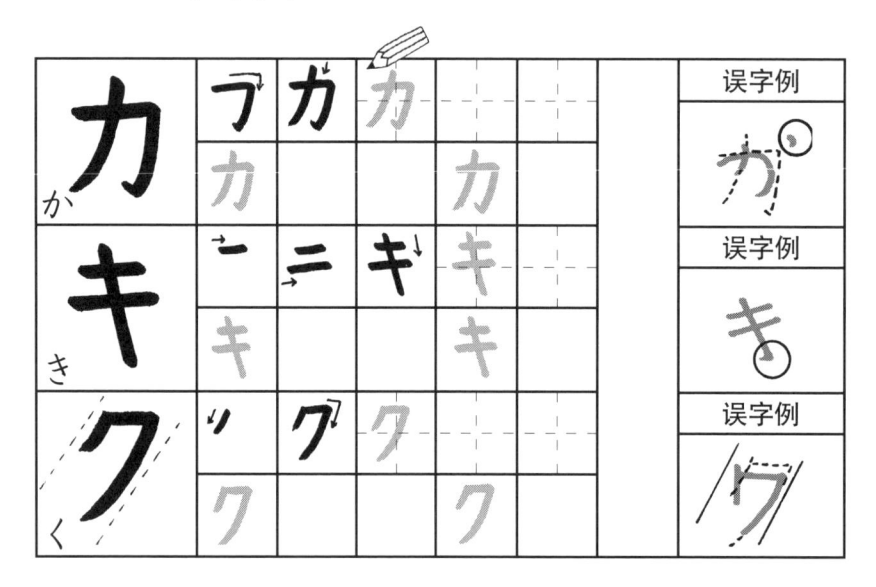

ケ け	リ	ヒ	ケ	ケ		误字例
		ケ		ケ		乍
コ こ	⌐	コ	コ			误字例
		コ		コ		↺

如下所示，「ガギグゲゴ」是「カキクケコ」加上两点而成。

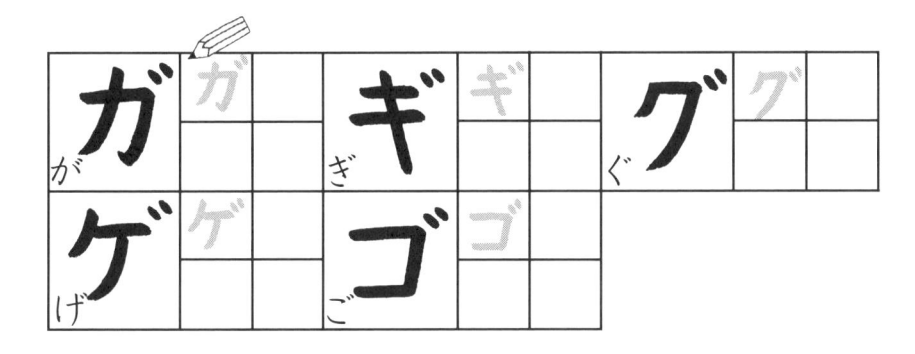

ガ が	ガ		ギ ぎ	ギ		グ ぐ	グ	
ゲ げ	ゲ		ゴ ご	ゴ				

4．再写一遍

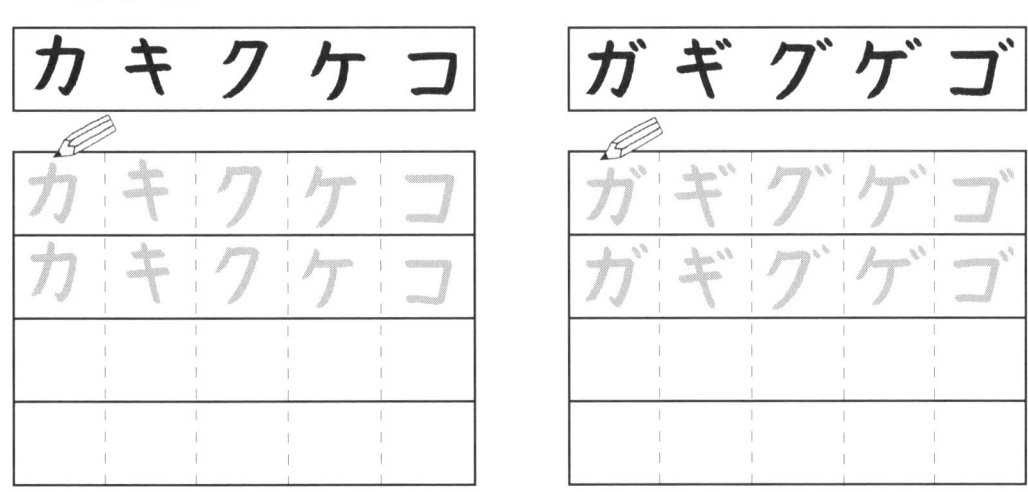

カ	キ	ク	ケ	コ
カ	キ	ク	ケ	コ
カ	キ	ク	ケ	コ

ガ	ギ	グ	ゲ	ゴ
ガ	ギ	グ	ゲ	ゴ
ガ	ギ	グ	ゲ	ゴ

5． 请写出与下列各个平假名相对应的片假名

ぐ	こ	き	が	げ	ご	く	か	ぎ	け	ぐ
グ										

6． 写单词

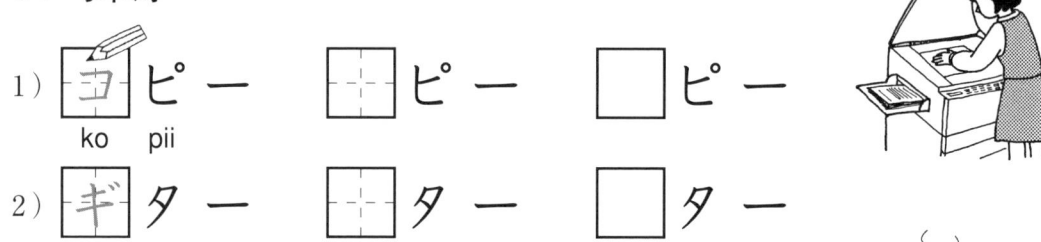

1) コピー　　□ピー　　□ピー
　 ko pii

2) ギター　　□ター　　□ター
　 gi tā

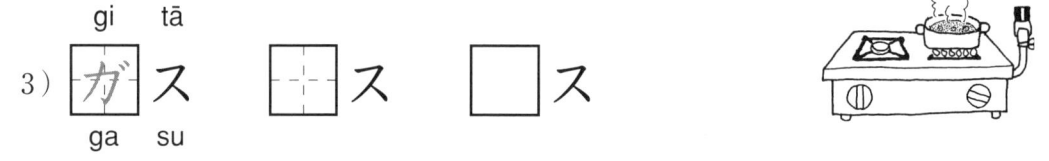

3) ガス　　□ス　　□ス
　 ga su

4) ネクタイ　　ネ□タ□　　ネ□タ□
　 ne ku ta i

5) カラオケ　　□ラ□□　　□ラ□□
　 ka ra o ke

6) エアコン
　 e a ko n

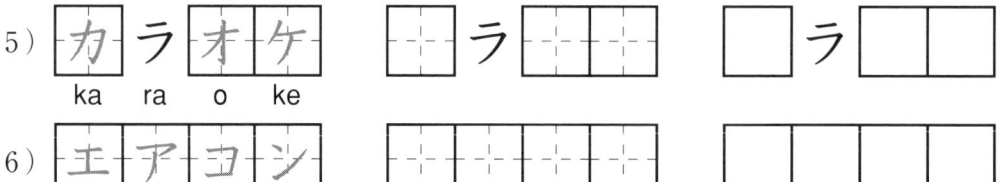

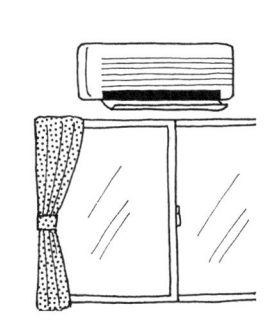

译： 6.1) kopii（复印） 2) gitā（吉他） 3) gasu（煤气） 4) nekutai（领带）
　　 5) karaoke（卡拉OK） 6) eakon（空调）

15 サ シ ス セ ソ、ザ ジ ズ ゼ ゾ

1．听力练习

サ	シ	ス	セ	ソ
さ	し	す	せ	そ

ザ	ジ	ズ	ゼ	ゾ
ざ	じ	ず	ぜ	ぞ

2．朗读练习

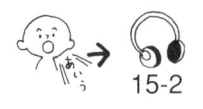

1) ス セ サ ソ シ　ゾ ゼ ジ ザ ズ
2) アジア　サイズ　エンジン

3．书写练习

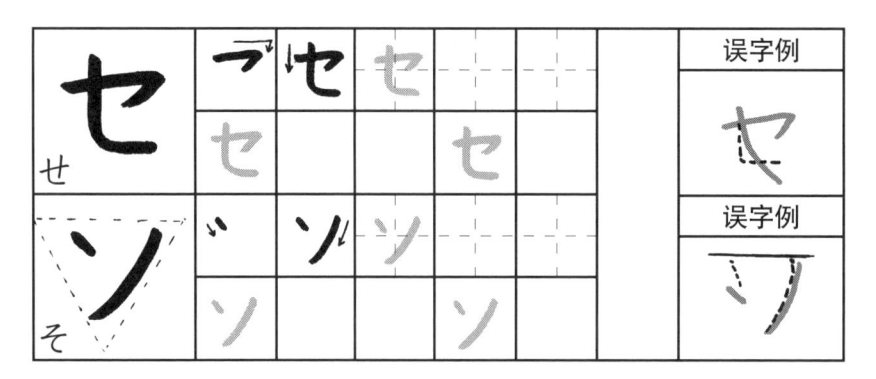

参考：ソ的写法

第 2 画要从与第 1 画同样的高度开始写起，从右上方向左下方撇下。在写「ソ」时，请注意要与「ン」区别开来。

如下所示，「ザジズゼゾ」是「サシスセソ」加上两点而成。

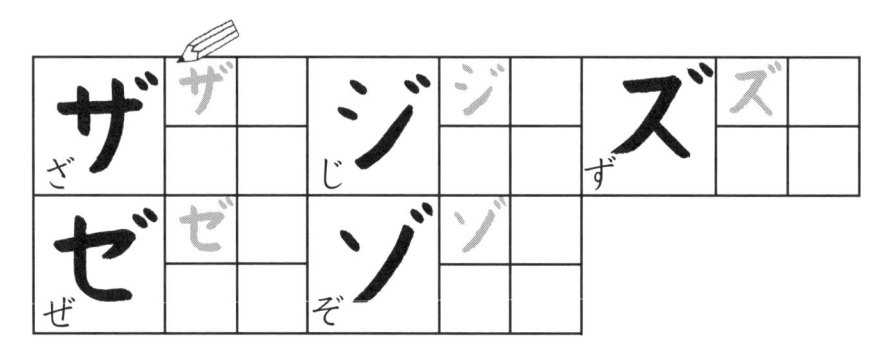

4．再写一遍

5．请写出与下列各个平假名相对应的片假名

す	ざ	そ	ぜ	さ	す	じ	せ	ぞ	し	ず
ス										

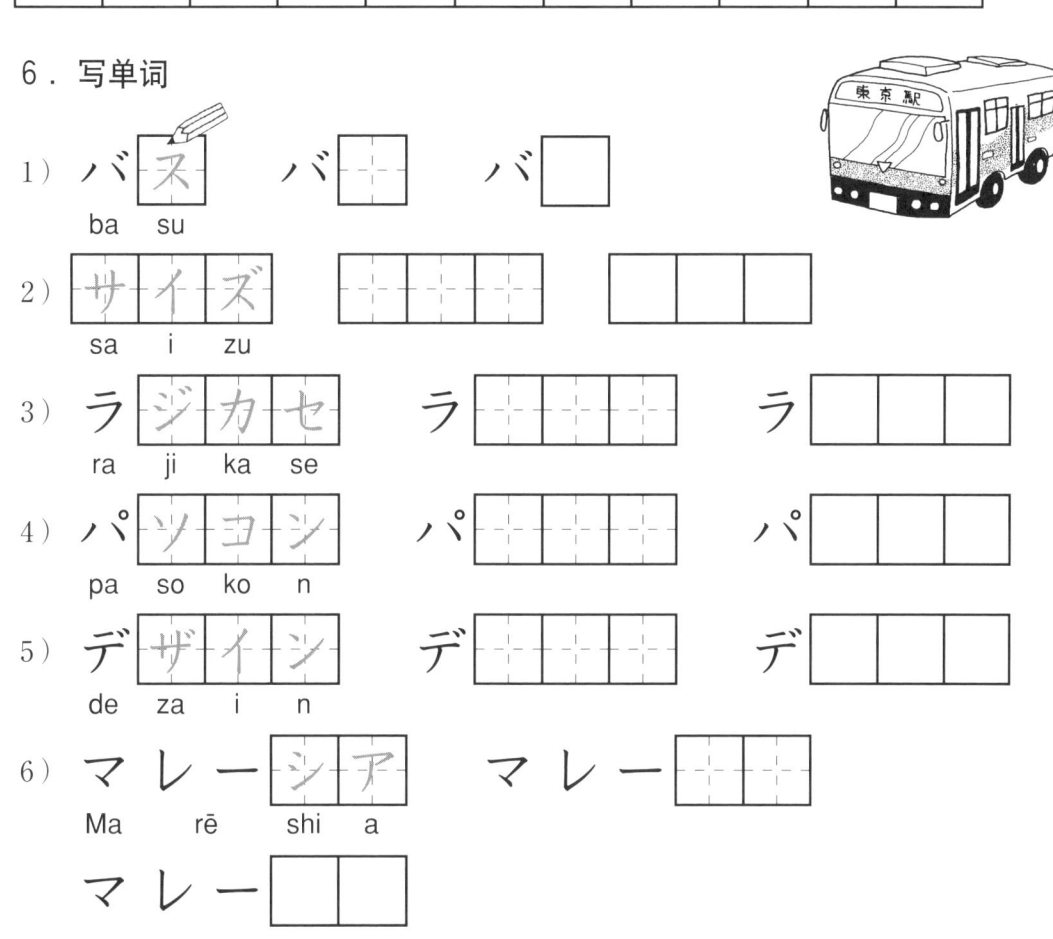

6．写单词

1) バス　バ□　バ□
    ba su

2) サイズ　□□□　□□□
    sa i zu

3) ラジカセ　ラ□□□　ラ□□□
    ra ji ka se

4) パソコン　パ□□□　パ□□□
    pa so ko n

5) デザイン　デ□□□　デ□□□
    de za i n

6) マレーシア　マレー□□
    Ma rē shi a

   マレー□□

译：　6.1) basu（公共汽车）　2) saizu（尺寸）　3) rajikase（收录音机）
　　　　4) pasokon（电脑）　5) dezain（设计）　6) Marēshia（马来西亚）

16 タ チ ツ テ ト、ダ ヂ ヅ デ ド

1．听力练习

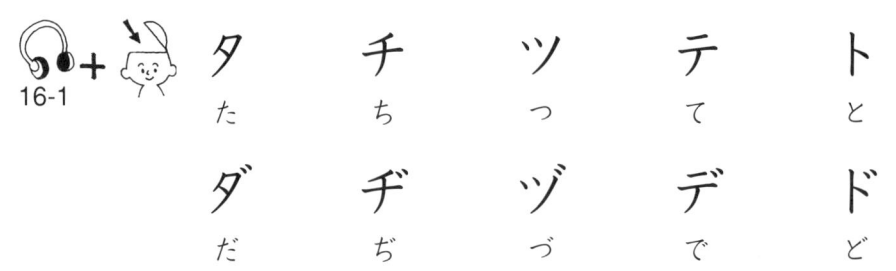

タ	チ	ツ	テ	ト
た	ち	つ	て	と
ダ	ヂ	ヅ	デ	ド
だ	ぢ	づ	で	ど

2．朗读练习

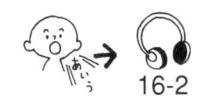

1) チ テ タ ツ ト　デ ダ ヂ ド ヅ
2) タイ　インド　センチ　ダンス　デザイン

3．书写练习

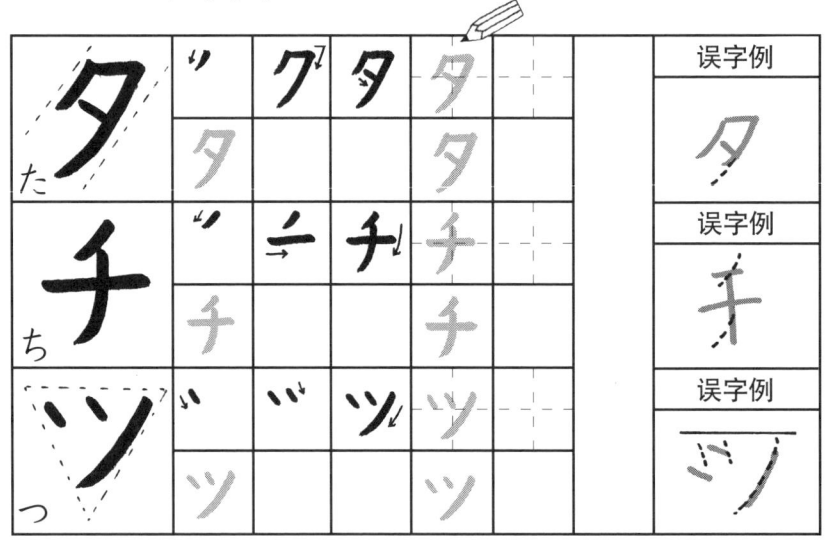

参考：ツ的写法

第1画和第2画要写成横向排列的两个点。第3画要从右上方向左下方撇。为了区别于「シ」，参照平假名「つ」的写法，就能写好「ツ」。

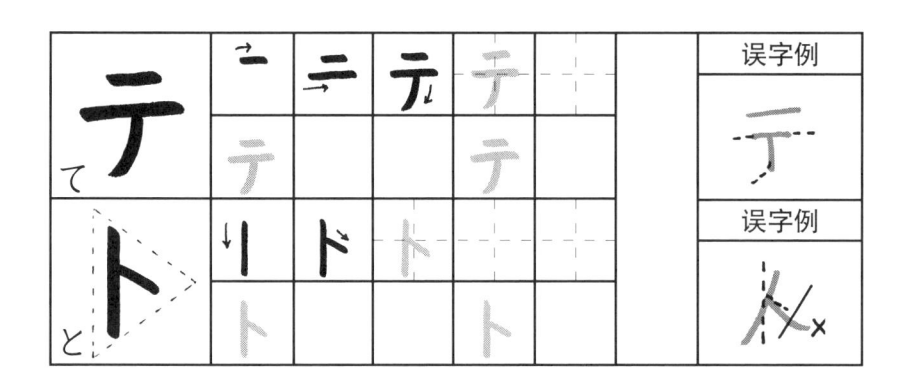

如下所示，「ダヂヅデド」是「タチツテト」加上两点而成。

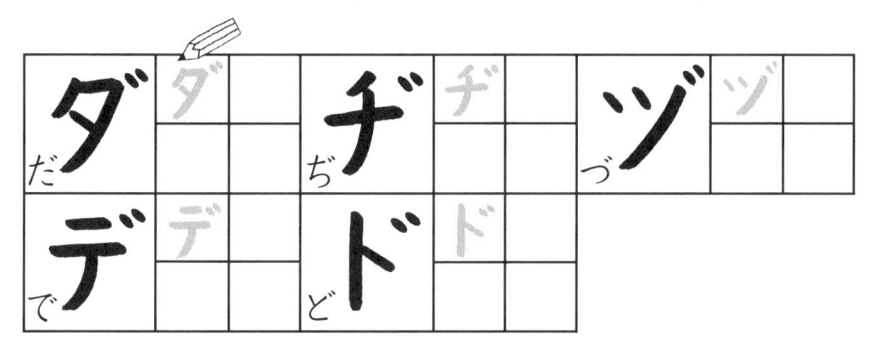

参考：「ヂ」和「ヅ」一般不使用。

4．再写一遍

5．请写出与下列各个平假名相对应的片假名

た	づ	ど	ぢ	と	た	で	ち	て	つ	だ
タ										

6．写单词

1) タイ　　Ta i

2) センチ　　se n chi

3) インド　　I n do

4) デパート　　de pā to

5) スポーツ　　su pō tsu

6) ステレオ　　su te re o

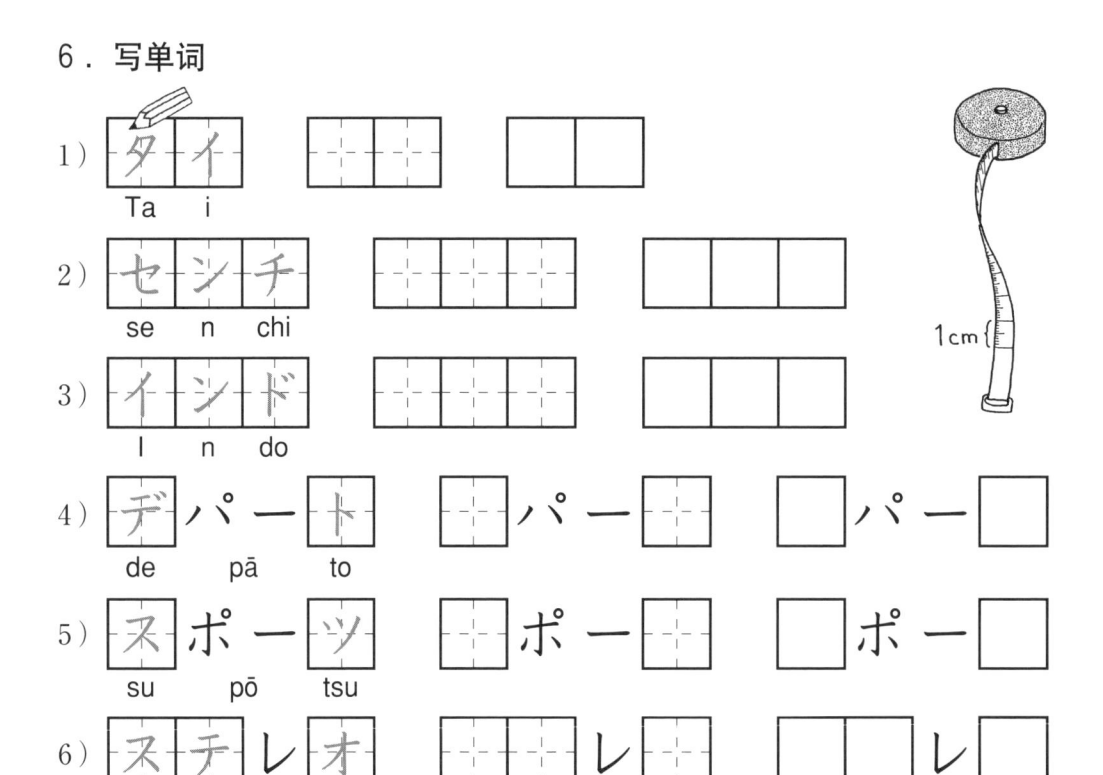

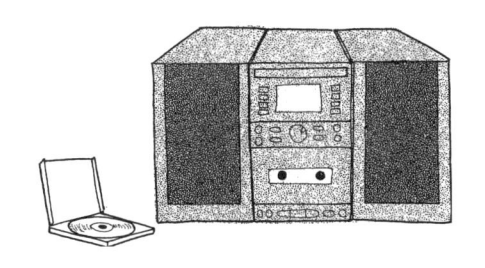

译：6.1) Tai（泰国）　2) senchi（厘米，公分）　3) Indo（印度）
4) depāto（百货公司）　5) supōtsu（体育运动）　6) sutereo（立体声）

17 长元音

平假名的长元音是在元音的后边加上与其相对应的「あ」、「い(え)」、「う(お)」来表示的（参照 p.37 ⑨）。而另一方面，片假名则总是用长音符号「ー」来表示。(竖写时写成「｜」)

1. 听力练习

17-1

カード	キー	ケーキ	コート
kā do	kii	kē ki	kō to
（卡）	（钥匙）	（西式糕点）	（大衣）

2. 朗读练习

17-2

1) ギター　タクシー　センター　スキー
2) コート　カーテン　コンサート　セーター

3. 写单词

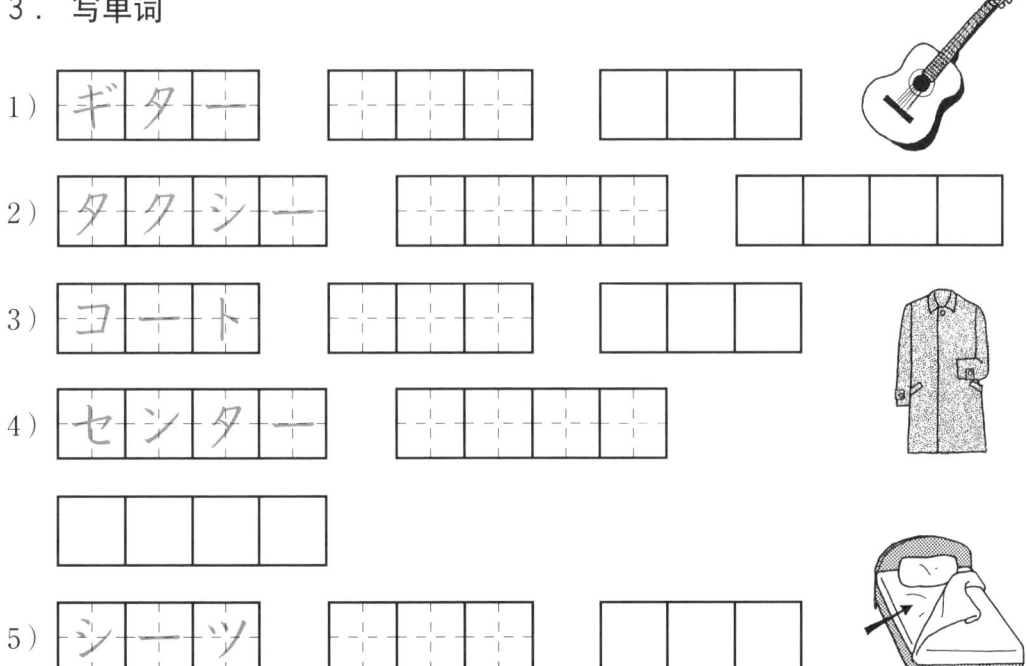

1) ギター
2) タクシー
3) コート
4) センター
5) シーツ

译： 3.1) gitā（吉他） 2) takushii（出租汽车） 3) kōto（大衣）
　　　 4) sentā（中心） 5) shiitsu（床单）

单元练习 (13～17)

1. 朗读练习

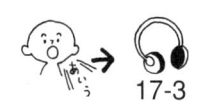

17-3

1) ドア　　2) ダンス　　3) サイズ　　4) センチ
5) コート　　6) ウイスキー　　7) エンジン

2. 书写练习

请写出与下列各个平假名相对应的片假名。

1) | い | と |
   |---|---|
   | | |

2) | し | つ |
   |---|---|
   | | |

3) | そ | ん |
   |---|---|
   | | |

4) | く | た |
   |---|---|
   | | |

5) | ち | て |
   |---|---|
   | | |

3. 听写练习

17-4

1) □□　　2) □□□　　3) □□□□

4) □□□　　5) □□□　　6) □□□□

7) □□□□

18 ナ 二 ヌ ネ ノ

1. 听力练习

18-1 ナ 二 ヌ ネ ノ
　　　な に ぬ ね の

2. 朗读练习

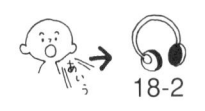

18-2

1) 二 ヌ ナ ネ ノ
2) テニス ネクタイ エンジニア ノート

3. 书写练习

4．再写一遍

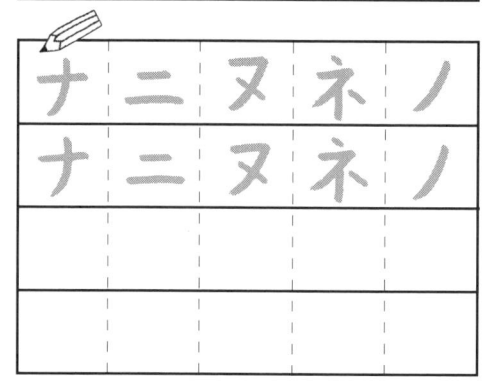

| ナ | ニ | ヌ | ネ | ノ |

ナ	ニ	ヌ	ネ	ノ
ナ	ニ	ヌ	ネ	ノ

5．请写出与下列各个平假名相对应的片假名

| ぬ | の | に | ね | ぬ | な |
| ヌ | | | | | |

6．写单词

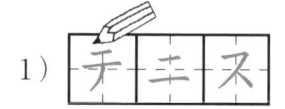

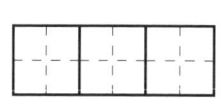

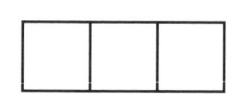

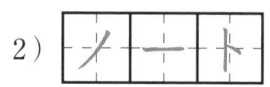

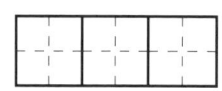

1) | チ | ニ | ス |

2) | ノ | ー | ト |

译： 6．1) tenisu（网球） 2) nōto（笔记本）

3) カヌー

4) ネクタイ

5) エンジニア

6) インドネシア

译： 6.3) kanū（皮艇） 4) nekutai（领带） 5) enjinia（工程师）
6) Indoneshia（印度尼西亚）

19　ハヒフヘホ、バビブベボ、パピプペポ

1．听力练习

ハ	ヒ	フ	ヘ	ホ
は	ひ	ふ	へ	ほ
バ	ビ	ブ	ベ	ボ
ば	び	ぶ	べ	ぼ
パ	ピ	プ	ペ	ポ
ぱ	ぴ	ぷ	ぺ	ぽ

2．朗读练习

1) ヘ　バ　ポ　フ　ピ　ボ　ヒ　ベ　ブ　ハ
2) パン　バス　ナイフ　ビデオ　テープ　ピンポン

3．书写练习

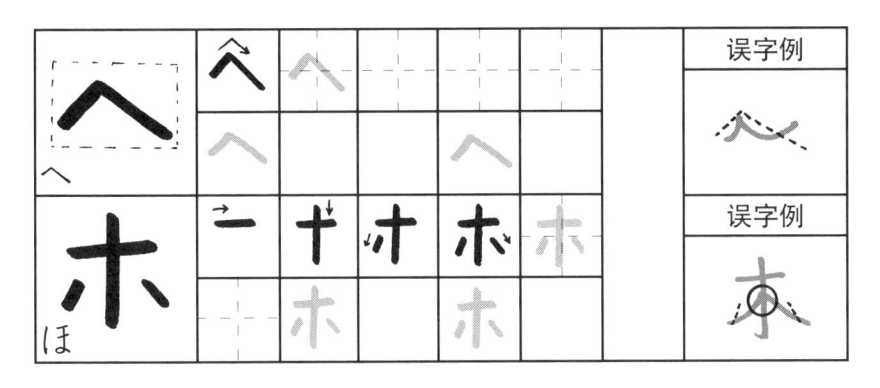

						误字例
へ へ	へ	へ		へ		
ホ ほ	一	ナ	才	ホ	ホ	误字例
		ホ	ホ	ホ		

如下所示，「バビブベボ」是「ハヒフヘホ」加上两点而成。

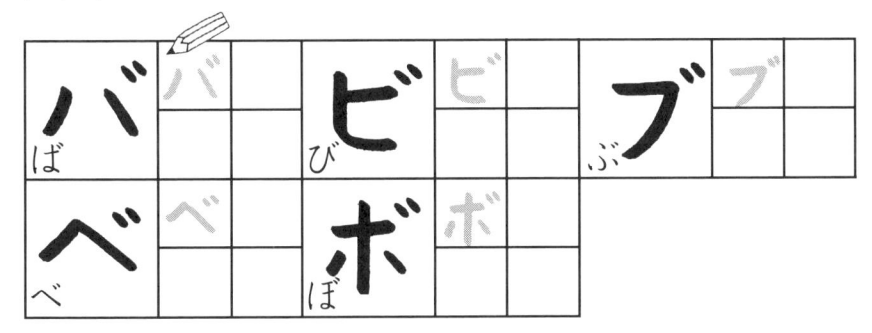

バ ば	バ		ビ び	ビ		ブ ぶ	ブ
ベ べ	ベ		ボ ぼ	ボ			

如下所示，「パピプペポ」是在「ハヒフヘホ」的右上方加上一个小圆圈而成。

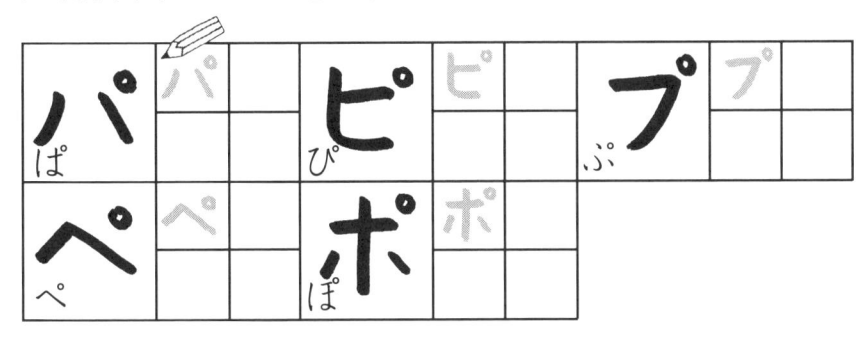

パ ぱ	パ		ピ ぴ	ピ		プ ぷ	プ
ペ ぺ	ペ		ポ ぽ	ポ			

4．再写一遍

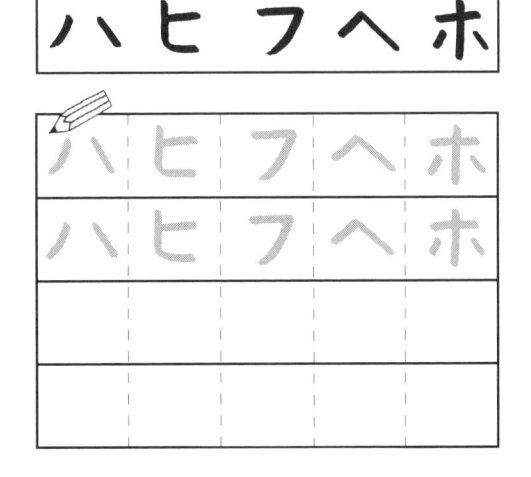

ハ	ヒ	フ	ヘ	ホ
ハ	ヒ	フ	ヘ	ホ
ハ	ヒ	フ	ヘ	ホ

バビブベボ　　パピプペポ

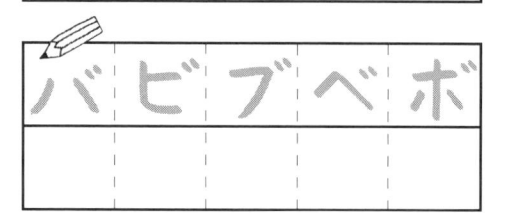

バビブベボ　　パピプペポ

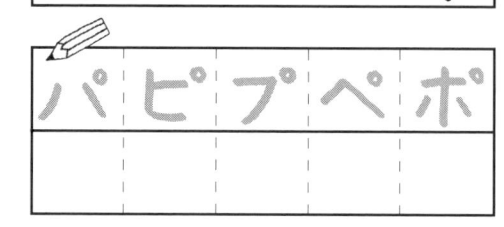

5．请写出与下列各个平假名相对应的片假名

へ	ば	ぼ	ぱ	ぷ	ひ	ぶ	ぺ	は	ぴ	べ	ふ	ぽ	び	ほ
ヘ														

6．写单词

1) ナイフ
2) ビデオ
3) デパート
4) ペンチ
5) ピンポン
6) スプーン
7) パスポート

译：　6.1) naifu（小刀）　2) bideo（录像）　3) depāto（百货公司）
　　　4) penchi（钳子）　5) pinpon（乒乓球）　6) supūn（调羹）
　　　7) pasupōto（护照）

20 小「ッ」

与平假名一样（p.40 10），片假名中也有带有小「ッ」的单词。

1．听力练习

コップ　　ポケット　　サッカー　　カセット
ko p pu　po ke t to　sa k kā　　ka se t to
（杯子）　　（衣袋）　　（足球）　　（盒式录音带）

2．朗读练习

1) ベッド　コップ　サッカー　ホッチキス
2) カセット　スイッチ　ピクニック

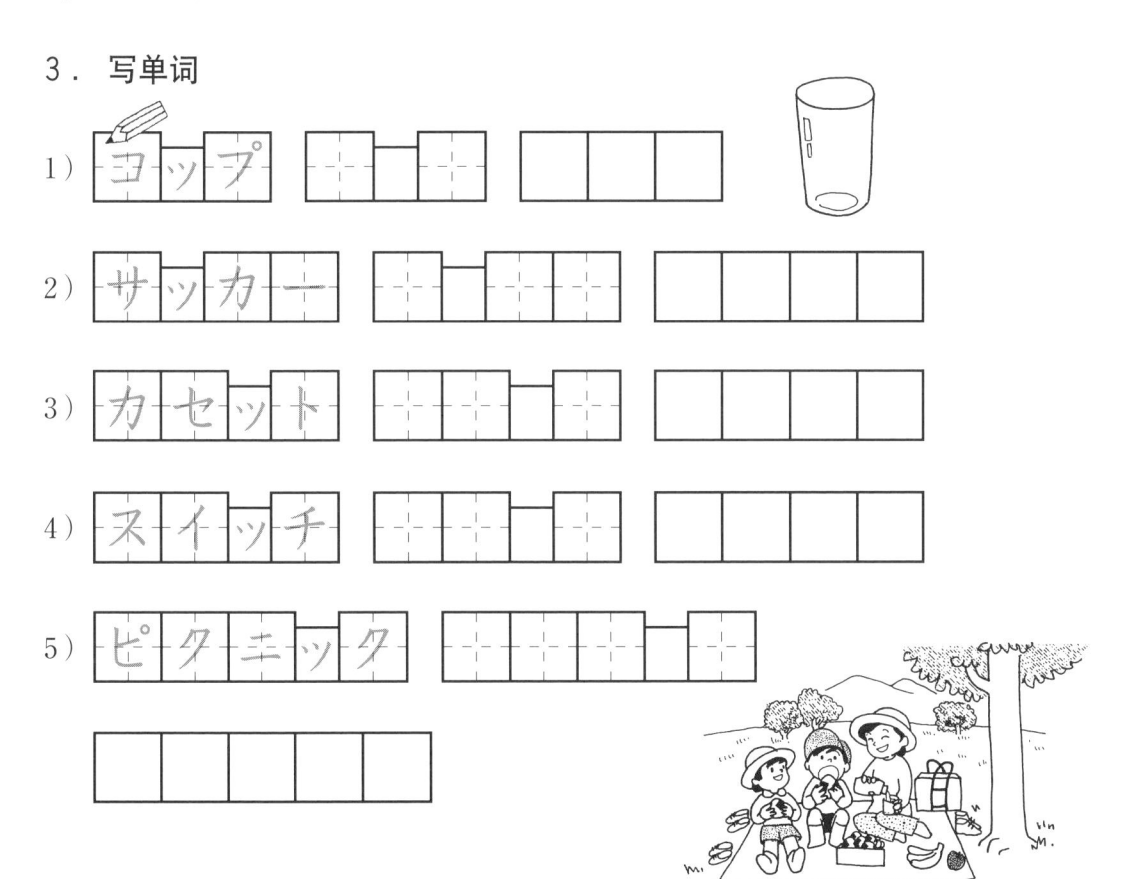

3．写单词

1) コップ
2) サッカー
3) カセット
4) スイッチ
5) ピクニック

译： 3.1) koppu（杯子）　2) sakkā（足球）　3) kasetto（盒式录音带）
　　　4) suitchi（开关）　5) pikunikku（郊游）

単元练习（18～20）

1．朗读练习

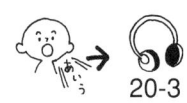

1) テニス 2) ピアノ 3) バナナ
4) テープ 5) エンジニア 6) ベッド
7) スイッチ 8) ホッチキス

2．听写练习

1) ☐☐☐ 2) ☐☐☐☐ 3) ☐☐☐

4) ☐☐☐☐ 5) ☐☐☐ 6) ☐☐☐☐

7) ☐☐☐☐ 8) ☐☐☐☐

21　マ　ミ　ム　メ　モ

1．听力练习

21-1　マ（ま）　ミ（み）　ム（む）　メ（め）　モ（も）

2．朗读练习

21-2

1) ミ　マ　メ　ム　モ
2) メモ　マッチ　ミキサー　ホームステイ

3．书写练习

						误字例
マ (ま)	マ	マ	マ	マ		ア
ミ (み)	ミ	ミ	ミ	ミ		シ
ム (む)	ム	ム	ム	ム		ん
メ (め)	メ	メ	メ	メ		大
モ (も)	モ	モ	モ	モ		も

4．再写一遍

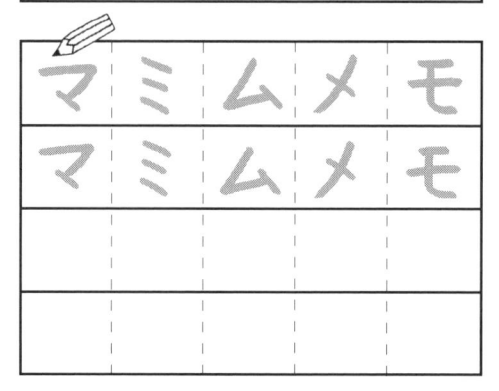

| マ | ミ | ム | メ | モ |

5．请写出与下列各个平假名相对应的片假名

も	み	め	ま	も	む
モ					

6．写单词

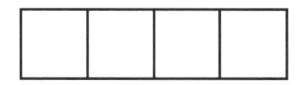

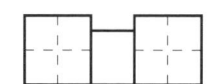

1) ハンサム

2) マッチ

译： 6.1) hansamu（美男子） 2) matchi（火柴）

3) ミキサー

4) メーカー

5) モーター

6) ホームステイ

译： 6.3) mikisā（搅拌机） 4) mēkā（制造厂） 5) mōtā（发动机）
　　　6) hōmusutei（临时寄宿方式）

22 ラ リ ル レ ロ

1. 听力练习

22-1 ラ リ ル レ ロ
　　　ら り る れ ろ

2. 朗读练习

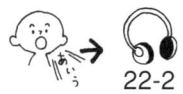

22-2
1) ル ラ ロ リ レ
2) タオル　ライター　アメリカ　ロボット　レストラン

3. 书写练习

4．再写一遍

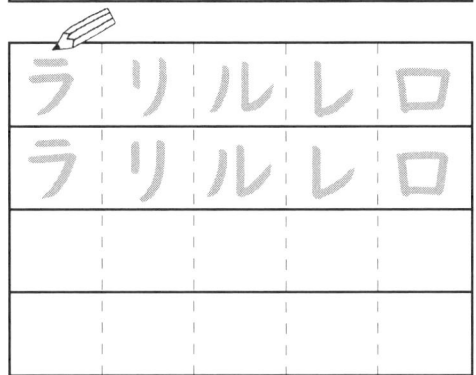

ラリルレロ

ラリルレロ
ラリルレロ

5．请写出与下列各个平假名相对应的片假名

り	れ	ろ	る	ら	り
リ					

6．写单词

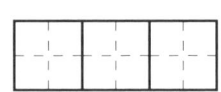

1) ホテル

2) アメリカ

译： 6.1) hoteru（宾馆） 2) Amerika（美国）

3) ロビー

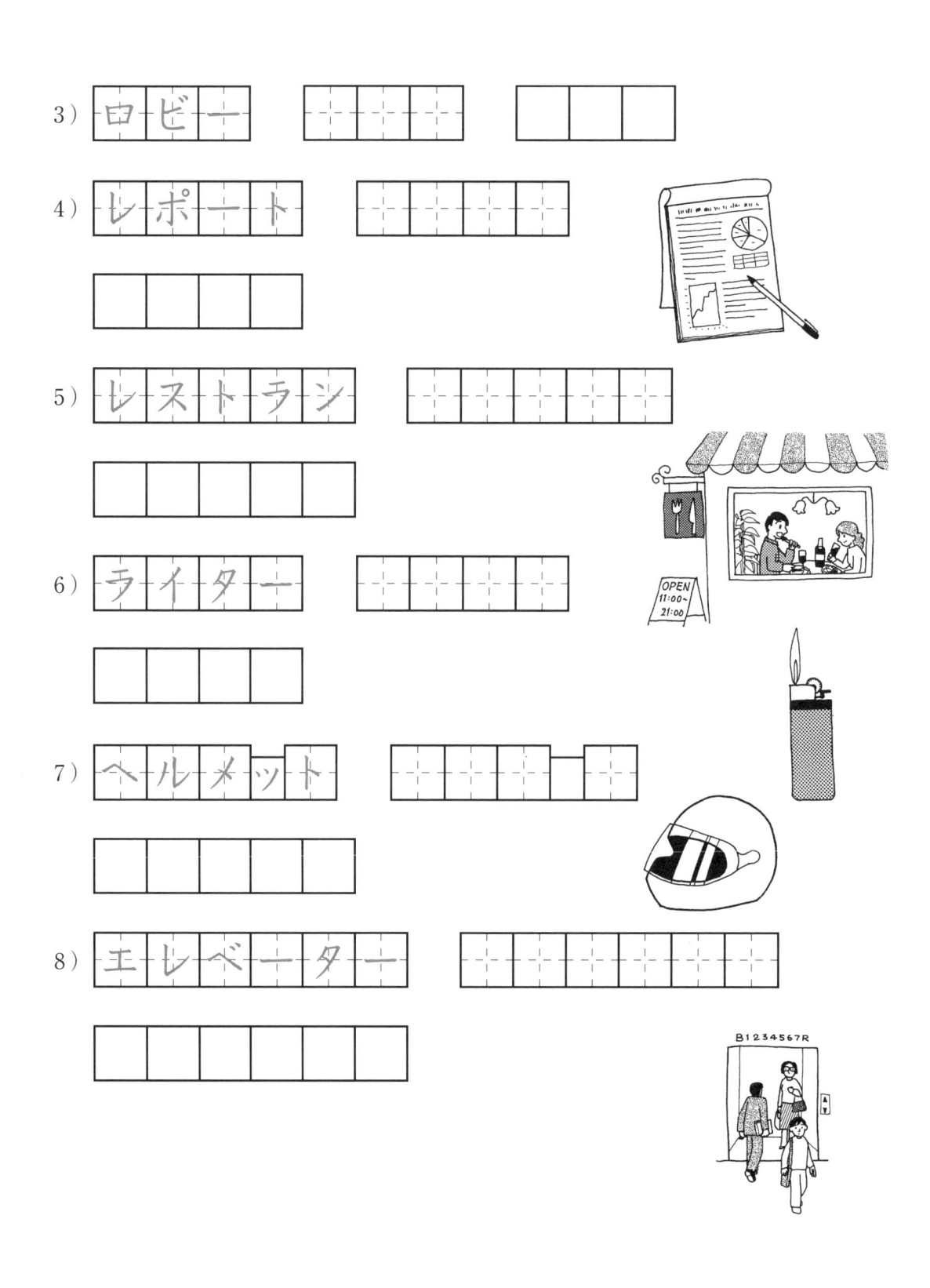

4) レポート

5) レストラン

6) ライター

7) ヘルメット

8) エレベーター

译： 6.3）robii（前厅） 4）repōto（报告书） 5）resutoran（餐厅）
6）raitā（打火机） 7）herumetto（头盔） 8）erebētā（电梯）

23 ヤ ユ ヨ、ワ、ヲ

1．听力练习

ヤ ユ ヨ
や ゆ よ
ワ ヲ
わ を

2．朗读练习

1） ヤ ユ ワ ヨ ユ
2） タワー タイヤ ワープロ ヨーロッパ

3． 书写练习

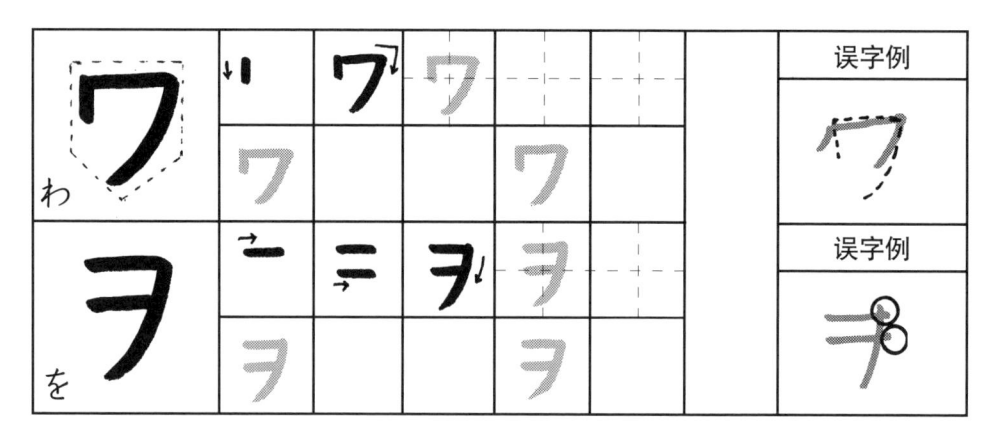

参考：「ヲ」一般不使用。

4．再写一遍

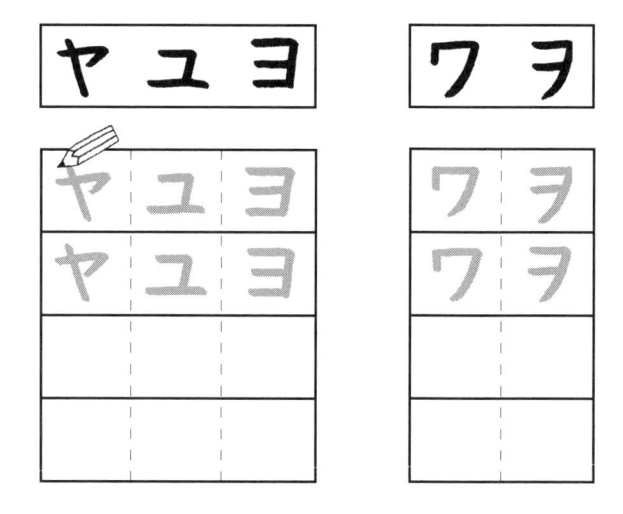

5．请写出与下列各个平假名相对应的片假名

6．写单词

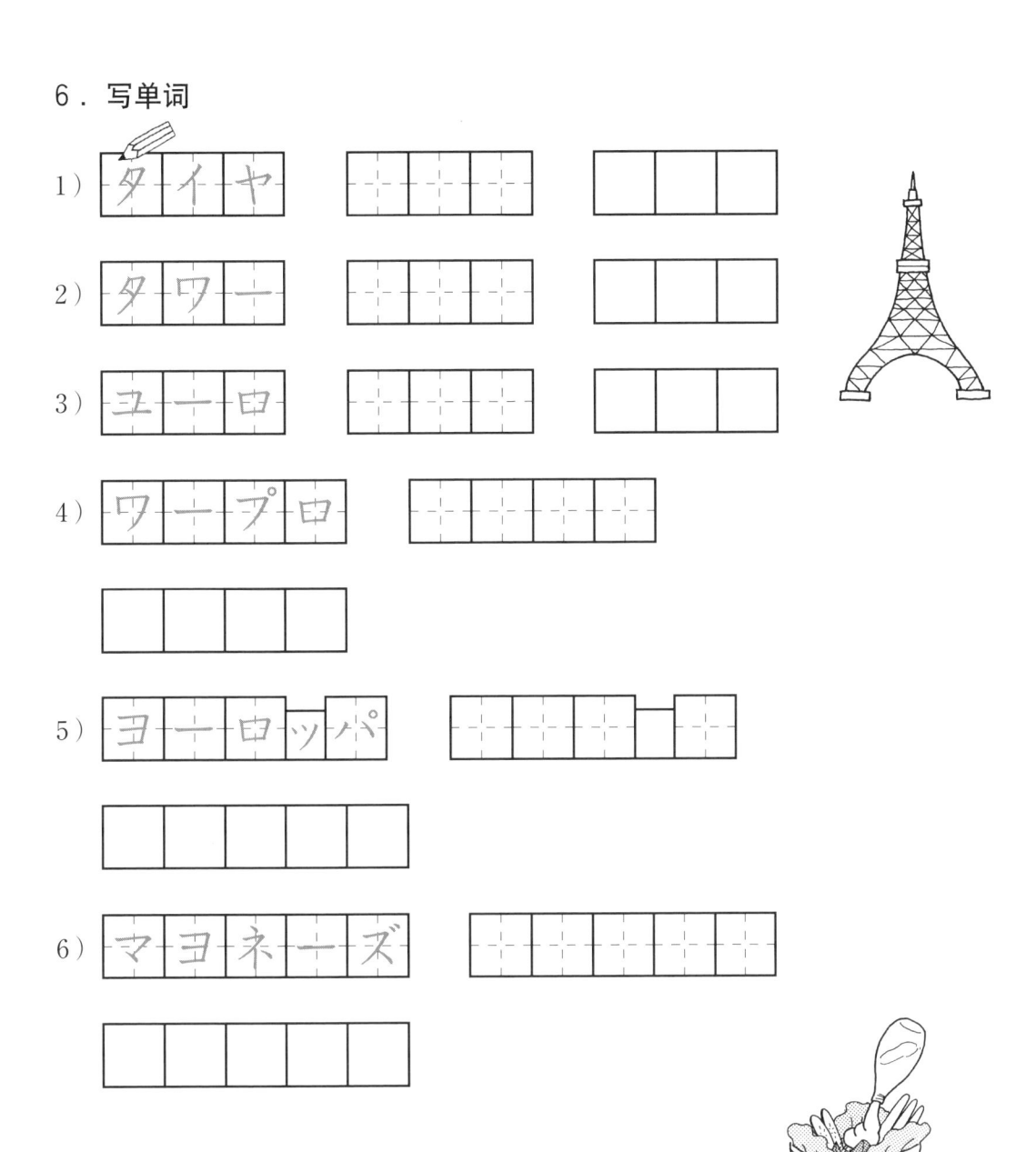

1) タイヤ

2) タワー

3) ユーロ

4) ワープロ

5) ヨーロッパ

6) マヨネーズ

译： 6.1) taiya（轮胎） 2) tawā（塔） 3) Yūro（欧元） 4) wāpuro（文字处理机）
　　　5) Yōroppa（欧洲） 6) mayonēzu（蛋黄酱）

检查一下!

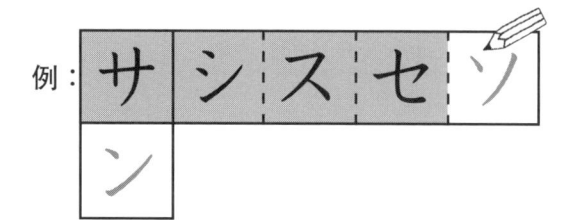

例: サ シ ス セ ソ
　　ン

1) サ [1] ス セ ソ / タ チ [2] テ ト

2) [3] イ ウ エ オ / [4] ミ ム メ モ

3) [5] ニ ヌ ネ ノ / マ ミ ム [6] モ

4) サ シ [7] セ ソ / ナ ニ [8] ネ ノ

5) タ [9] ツ [10] ト

6) ア [11] ウ エ オ / タ チ ツ テ [12]

7) サ シ ス [13] ソ / [14] ユ ヨ

8) カ キ ク ケ [15] / ヤ [16] ヨ

9) カ キ [17] [18] コ / [19] ヲ

测验 4

请完成下面的片假名表。

あ ア	い	う	え	お
か	き	く	け	こ
さ	し	す	せ	そ
た	ち	つ	て	と
な	に	ぬ	ね	の
は	ひ	ふ	へ	ほ
ま	み	む	め	も
や		ゆ		よ
ら	り	る	れ	ろ
わ				を ヲ
ん				

测验 5

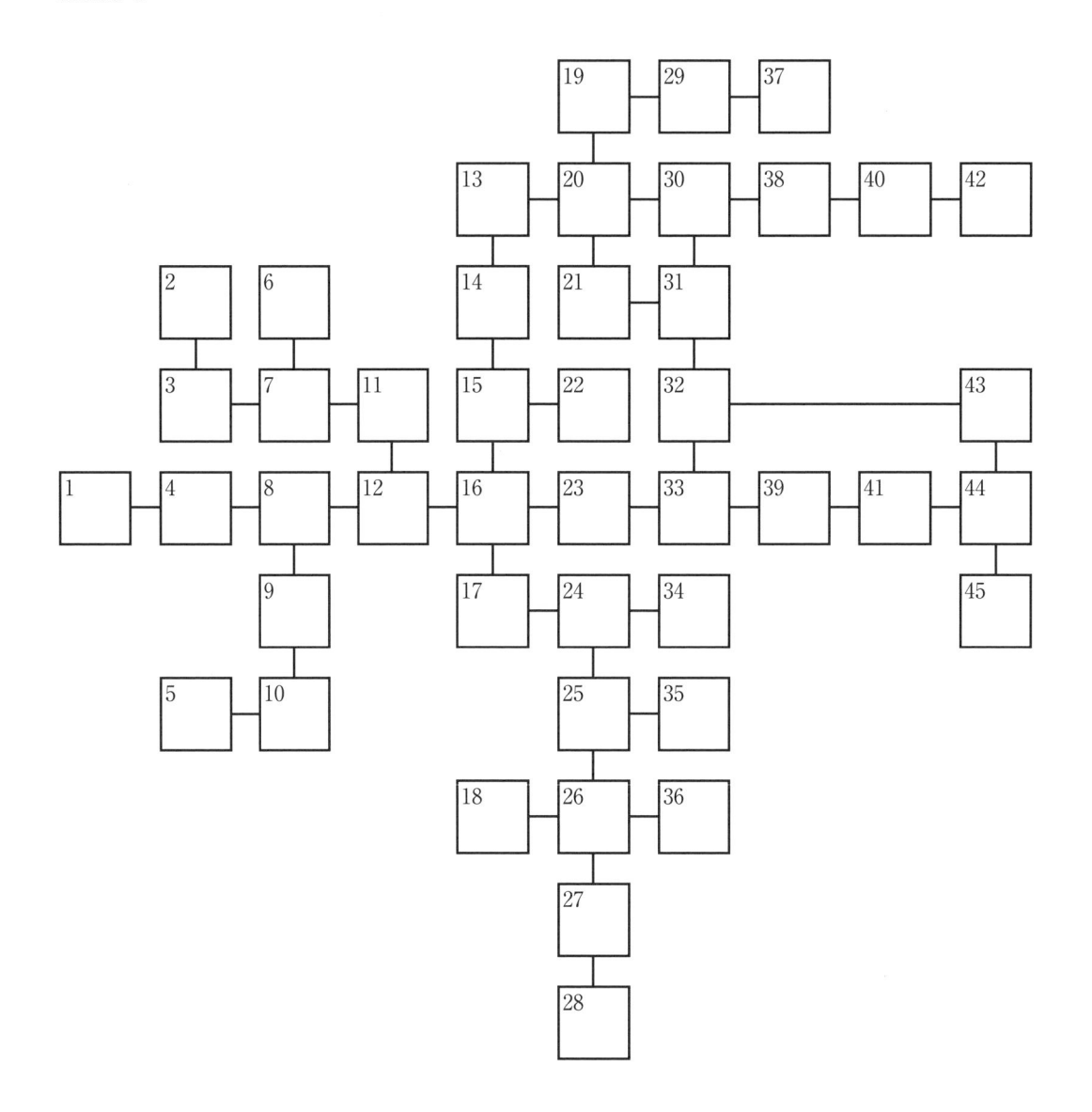

tesuto 5 → 请听 CD，把片假名填入空格。

24 キャ、キュ、キョ

普通大小的字母和小「ャ、ュ、ョ」结合在一起的表记，如 11 p.42 所学的那样作为一个音节发音。

1．听力练习

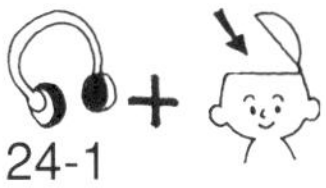

24-1

シャツ　　ジュース　　アクション
sha tsu　　jū　su　　a ku　sho n
（衬衣）　　（果汁）　　（行动）

2．朗读练习

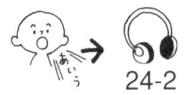

24-2

1) シャツ　シャワー　シャープペンシル
2) ジュース　ニュース　スケジュール
　　コンピューター　ジョギング

3．写书练习

和写小「ッ」一样，把○ャ、○ュ、○ョ写在左下方，大小约为普通字母的一半。

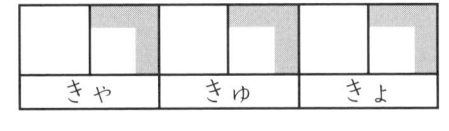

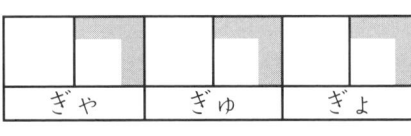

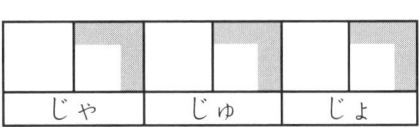

例：

キャ	キュ	キョ
きゃ	きゅ	きょ

きゃ	きゅ	きょ

ぎゃ	ぎゅ	ぎょ

しゃ	しゅ	しょ

じゃ	じゅ	じょ

ちゃ	ちゅ	ちょ

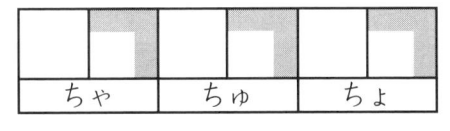

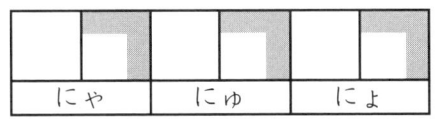

にゃ	にゅ	にょ

| | ひゃ | | ひゅ | | ひょ |

| | びゃ | | びゅ | | びょ |

| | ぴゃ | | ぴゅ | | ぴょ |

| | みゃ | | みゅ | | みょ |

| | りゃ | | りゅ | | りょ |

4．写单词

1) シャツ

2) メニュー

3) ジュース

4) ジョギング

5) シャワー

6) コンピューター

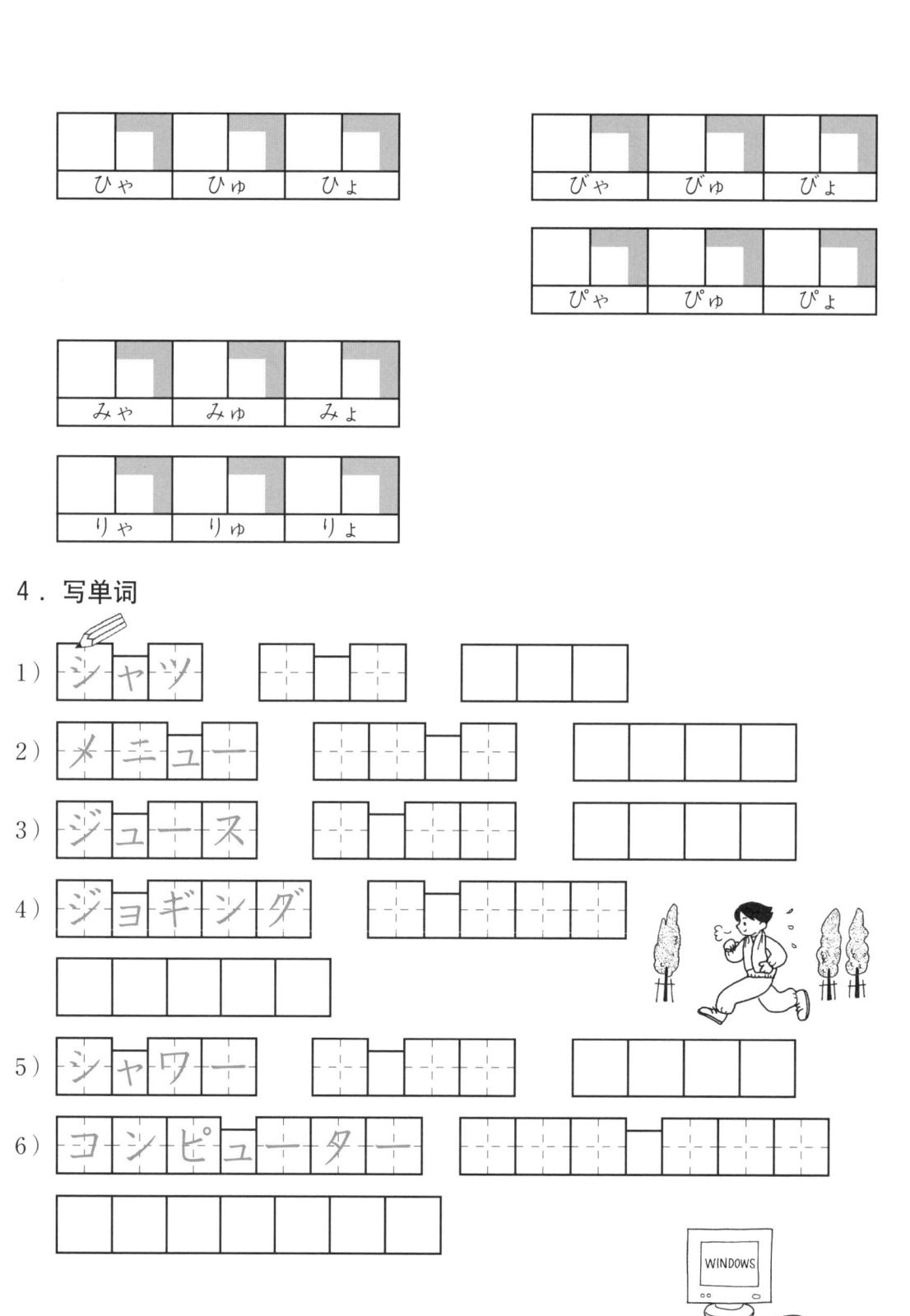

译： 4.1) shatsu（衬衣） 2) menyū（菜单） 3) jūsu（果汁） 4) jogingu（跑步）
　　　5) shawā（淋浴） 6) konpyūtā（电脑）

单元练习（21～24）

1．朗读练习

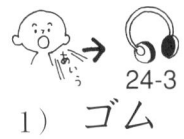

1) ゴム 2) ミルク 3) ラジカセ
4) マレーシア 5) シャツ 6) コンピューター
7) ジョギング

2．听写练习

25 小「ァ・ィ・ゥ・ェ・ォ」

1．听力练习

请听 CD，确认下面的单词的发音。

ファイル	フィルム	フェリー	フォーク
fa i ru	fi ru mu	fe rii	fō ku
（文件）	（胶卷）	（渡轮）	（叉子）

在书写外来语时，片假名具有平假名所没有的如下所示的表记。普通大小的字母加小「ァ、ィ、ゥ、ェ、ォ」，两个字母表示一个音节。「ゥ」除了用于「トゥ」、「ドゥ」以外，一般不常使用。

请一边听 CD，一边确认发音和表记。

	ウィ wi		ウェ we	ウォ wo
クァ kwa	クィ kwi		クェ kwe	クォ kwo
グァ gwa				
			シェ she	
			チェ che	
	ティ ti			
	ディ di			
		トゥ tu		
		ドゥ du		
ファ fa	フィ fi		フェ fe	フォ fo

参考：
为了尽可能接近原语言的发音，在表现外来语和外国地名时，除本表以外，还有其它表记方式。
例：ヴィエトナム（越南）
　　フィレンツェ（佛罗伦萨）

小「ュ」的发音，除了在 24 P.93～94学过的一览表以外，还有几种其他的组合。
例：プロデューサー（编制人）

2．朗读练习

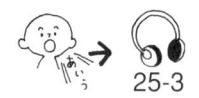

1) ファックス　　2) フィリピン　　3) ボディー
4) ミーティング　5) チェック　　　6) フォーク

3．写单词

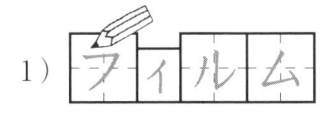

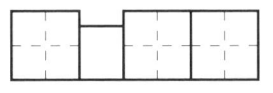

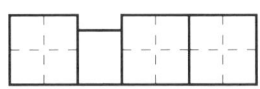

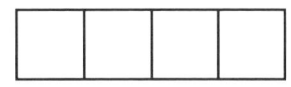

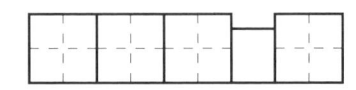

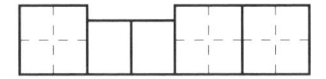

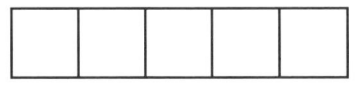

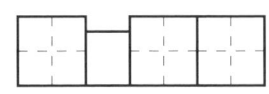

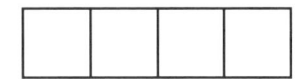

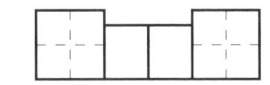

1) フィルム
2) ディスコ
3) パーティー

4) ファックス
5) フォーク
6) チェック

译：3.1) firumu（胶卷）　2) disuko（迪斯科）　3) pātii（晚会）
　　　4) fakkusu（传真）　5) fōku（叉子）　6) chekku（检查）

> 竖　写

横写的①サッカー、②ジュース、③フォーク,竖写时则变成④⑤⑥那样,「ッ、ュ、ォ」等的小字母要写在右上方。另外,如在⑰所说明的那样,长音符号的「ー」在书写时要写成「｜」。

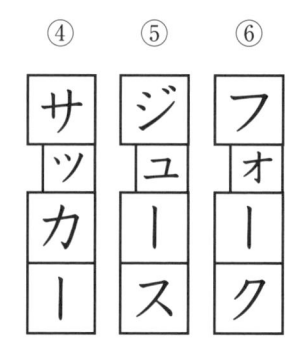

① | サ | ッ | カ | ー |

② | ジ | ュ | ー | ス |

③ | フ | ォ | ー | ク |

④ サッカー｜
⑤ ジュース
⑥ フォーク

1．朗读练习

25-4　读一读下面①～⑭的城市名称。

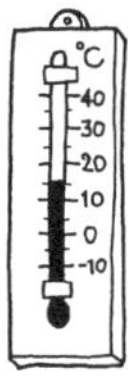

月平均气温的最高温度和最低温度

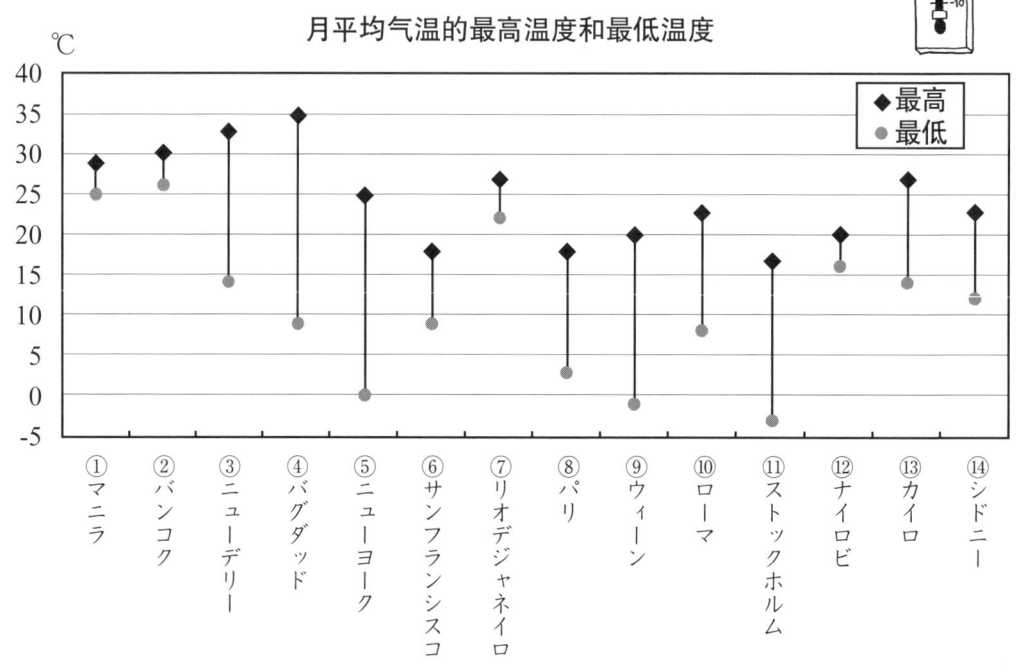

◆ 最高
● 最低

① マニラ
② バンコク
③ ニューデリー
④ バグダッド
⑤ ニューヨーク
⑥ サンフランシスコ
⑦ リオデジャネイロ
⑧ パリ
⑨ ウィーン
⑩ ローマ
⑪ ストックホルム
⑫ ナイロビ
⑬ カイロ
⑭ シドニー

译： 1. ① Manira（马尼拉）　　　　　② Bankoku（曼谷）
　　　 ③ Nyūderii（新德里）　　　　 ④ Bagudaddo（巴格达）
　　　 ⑤ Nyūyōku（纽约）　　　　　 ⑥ Sanfuranshisuko（旧金山）
　　　 ⑦ Riodejaneiro（里约热内卢）　⑧ Pari（巴黎）
　　　 ⑨ Wiin（维也纳）　　　　　　 ⑩ Rōma（罗马）
　　　 ⑪ Sutokkuhorumu（斯德哥尔摩）⑫ Nairobi（内罗毕）
　　　 ⑬ Kairo（开罗）　　　　　　　⑭ Shidonii（悉尼）

－ (kyū-jū hachi)　98　(きゅうじゅう　はち) －

填字游戏

25-5

1)

纵　1　领带
　　2　网球
　　3　录像

横　a　电视
　　b　等级
　　c　打字机

2)

纵　1　面包
　　2　印度
　　3　美国
　　4　立体声

横　a　英国
　　b　乒乓
　　c　门
　　d　照相机

测验 6

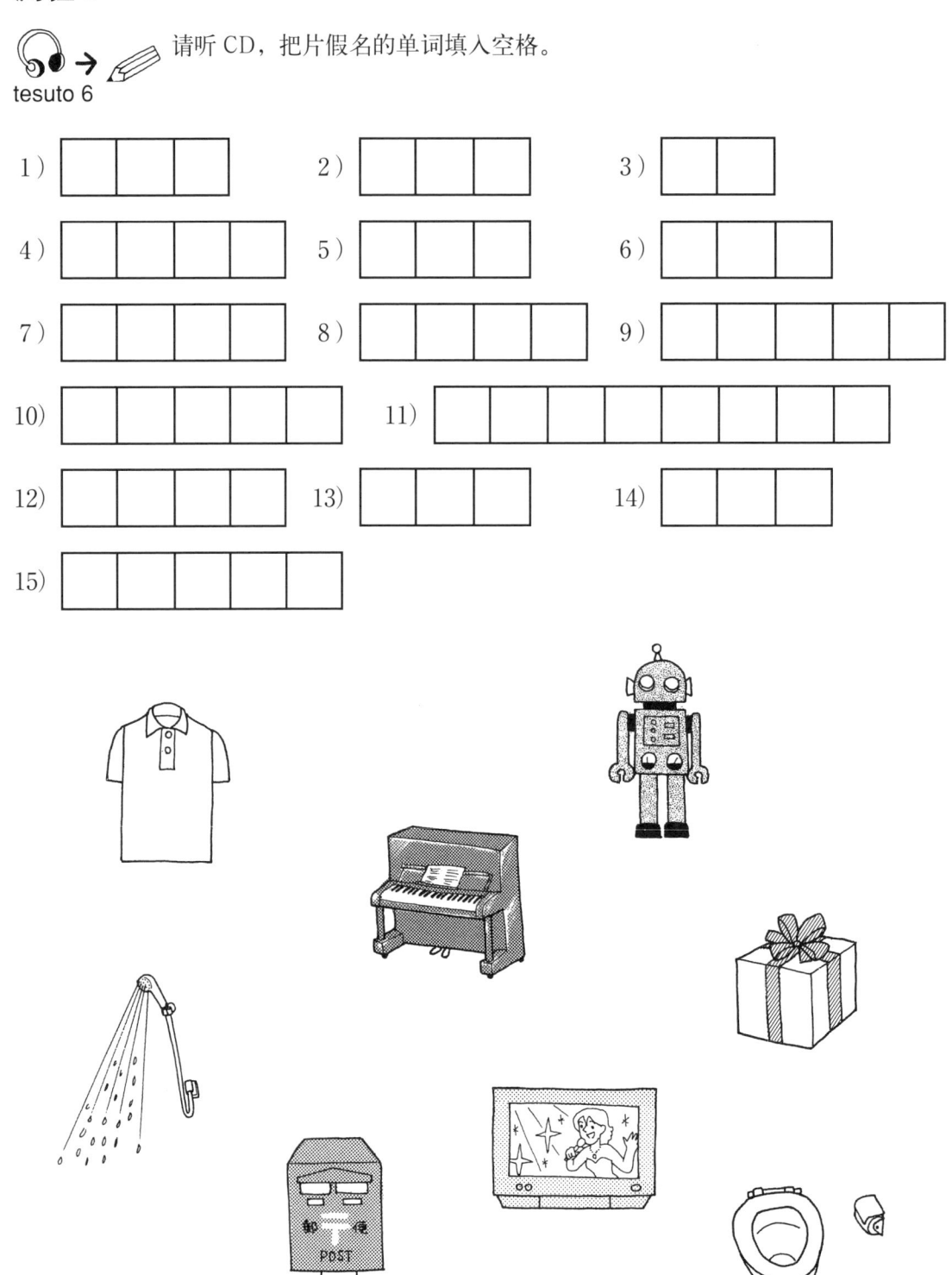

请听 CD，把片假名的单词填入空格。

tesuto 6

1) ☐☐☐ 2) ☐☐☐ 3) ☐☐

4) ☐☐☐ 5) ☐☐☐ 6) ☐☐☐

7) ☐☐☐☐ 8) ☐☐☐☐ 9) ☐☐☐☐☐

10) ☐☐☐☐ 11) ☐☐☐☐☐☐☐

12) ☐☐☐ 13) ☐☐☐ 14) ☐☐☐

15) ☐☐☐☐☐

汇总问题（1）

✏️ 属于下列国家的城市是哪个？请从下面的 a～p 中选出正确答案。

例：フィリピン	(m)		1．ベトナム	( )
2．タイ	( )		3．マレーシア	( )
4．インドネシア	( )		5．インド	( )
6．スリランカ	( )		7．パキスタン	( )
8．エジプト	( )		9．イギリス	( )
10．フランス	( )		11．ドイツ	( )
12．スペイン	( )		13．イタリア	( )
14．アメリカ	( )		15．ブラジル	( )

a	b	c	d	e	f	g	h	i	j	k	l	m	n	o	p
イスラマバード	カイロ	クアラルンプール	コロンボ	ジャカルタ	ニューデリー	ハノイ	バンコク	パリ	ブラジリア	ベルリン	マドリード	マニラ	ローマ	ロンドン	ワシントン

译： 例：菲律宾 1．越南 2．泰国 3．马来西亚 4．印度尼西亚 5．印度
　　6．斯里兰卡 7．巴基斯坦 8．埃及 9．英国 10．法国 11．德国
　　12．西班牙 13．意大利 14．美国 15．巴西
　　a．伊斯兰堡 b．开罗 c．吉隆坡 d．科伦坡 e．雅加达 f．新德里 g．河内
　　h．曼谷 i．巴黎 j．巴西利亚 k．柏林 l．马德里 m．马尼拉 n．罗马
　　o．伦敦 p．华盛顿

汇总问题（2）

✏️ 请根据下面的罗马字，用片假名把国名填入①～⑫的空格内。

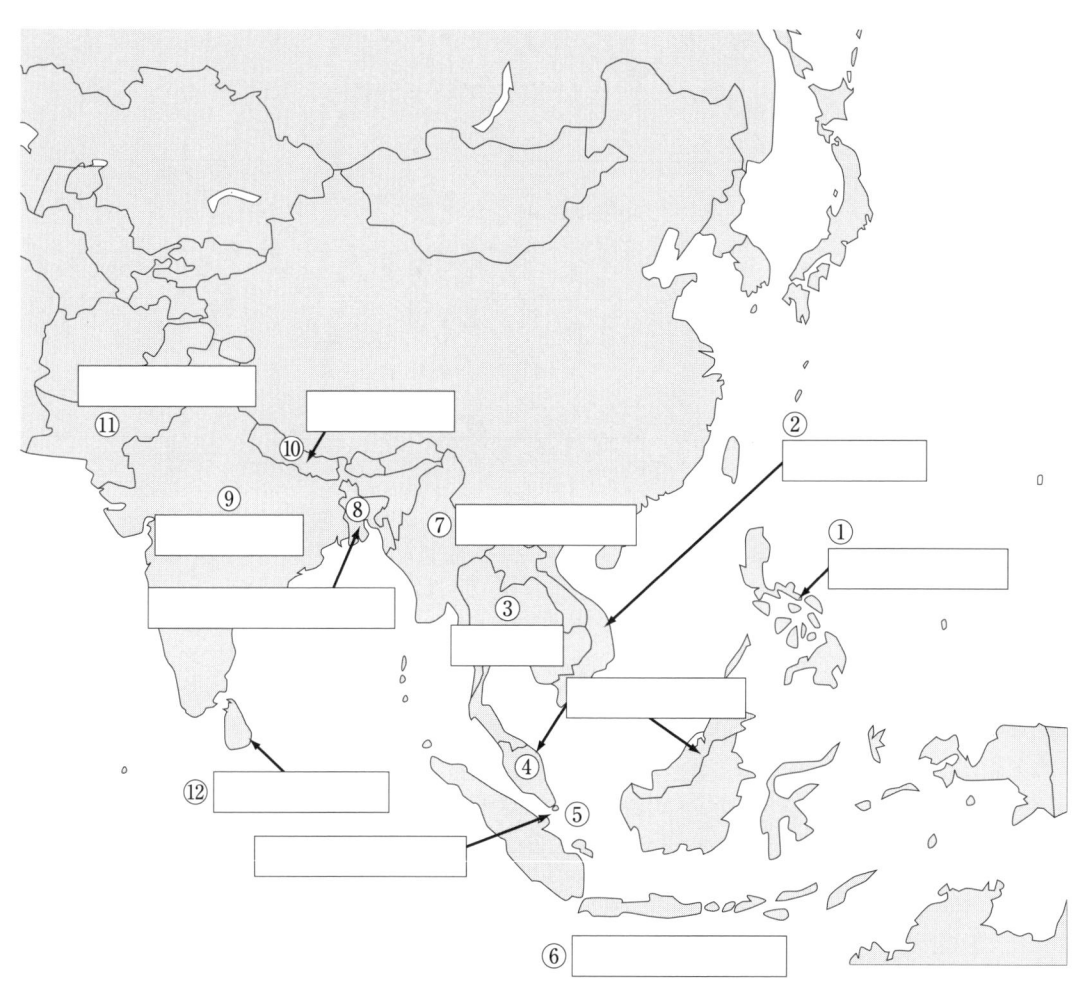

① Fi-ri-pi-n　　　　（菲律宾）　　② Be-to-na-mu　　　　（越南）
③ Ta-i　　　　　　　（泰国）　　　④ Ma-rē-shi-a　　　　（马来西亚）
⑤ Shi-n-ga-pō-ru　　（新加坡）　　⑥ I-n-do-ne-shi-a　　（印度尼西亚）
⑦ Mya-n-mā　　　　（缅甸）　　　⑧ Ba-n-gu-ra-de-shu　（孟加拉国）
⑨ I-n-do　　　　　　（印度）　　　⑩ Ne-pā-ru　　　　　（尼泊尔）
⑪ Pa-ki-su-ta-n　　　（巴基斯坦）　⑫ Su-ri-ra-n-ka　　　（斯里兰卡）

汇总问题（3）

✏️ 请根据下面的罗马字，用片假名把国名填入①～⑭的空格内。

① I-gi-ri-su　　　　（英国）　　② Fu-ra-n-su　　　（法国）
③ Do-i-tsu　　　　（德国）　　④ O-ra-n-da　　　　（荷兰）
⑤ Pō-ra-n-do　　　（波兰）　　⑥ Che-ko　　　　　（捷克）
⑦ Ō-su-to-ri-a　　（奥地利）　⑧ Su-i-su　　　　　（瑞士）
⑨ I-ta-ri-a　　　　（意大利）　⑩ Su-pe-i-n　　　　（西班牙）
⑪ Po-ru-to-ga-ru　（葡萄牙）　⑫ No-ru-wē　　　　（挪威）
⑬ Su-wē-de-n　　　（瑞典）　　⑭ Fi-n-ra-n-do　　　（芬兰）

－ (hyaku san)　103　(ひゃく　さん) －

26 综合练习

1．朗读练习

读一读下面菜单中 1～20 的饭菜、饮料的名称。
26-1

メニュー おしょくじ			おのみもの		
			9 コーヒー	400	
1	カレーライス	600	10	カフェオレ	450
2	エビピラフ	700	11	レモンティー	400
3	ビーフシチュー		12	ミルクティー	450
	（ライスまたはパン）	850	13	オレンジジュース	550
4	スパゲティーミートソース	650	14	コーラ	400
5	バタートースト	250	15	クリームソーダ	450
6	ミックスサンドイッチ	550	16	ビール	350
7	ハンバーガー	350	デザート		
8	ツナサラダ	300	17	フルーツヨーグルト	450
			18	バニラアイスクリーム	450
			19	チョコレートパフェ	650
			20	ケーキセット	
				（ケーキ、コーヒー）	650

menyū（菜单）
o-shokuji（饭菜）
  1．karē raisu（咖喱饭）
  2．ebi pirafu（虾肉饭）
  3．biifu shichū [raisu matawa pan]
    （炖牛肉［米饭或面包］）
  4．supagetii miito sōsu
    （意大利式实心面肉沙司）
  5．batā tōsuto（黄油吐司）
  6．mikkusu sandoitchi
    （混合三明治）
  7．hanbāgā（汉堡包）
  8．tsuna sarada（金枪鱼色拉）

o-nomimono（饮料）
  9．kōhii（咖啡）
 10．kafe o re（牛奶咖啡）
 11．remon tii（柠檬红茶）
 12．miruku tii（牛奶红茶）
 13．orenji jūsu（橘汁）
 14．kōra（可乐）
 15．kuriimu sōda（冰淇淋苏打水）
 16．biiru（啤酒）
dezāto（甜食）
 17．furūtsu yōguruto（水果酸奶）
 18．banira aisu kuriimu（香草冰淇淋）
 19．chokorēto pafe（巧克力冰糕）
 20．kēki setto [kēki, kōhii]
    （蛋糕套餐［蛋糕、咖啡］）

2．朗读练习

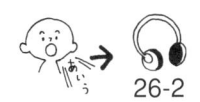

26-2

1) あした → たばこ → コート → とりにく → クラス → すずしい → インド → ドア

2) げんき → きそく → くるま → マッチ → ちかてつ → つくえ → エアメール

3．听写练习

26-3　请听 CD，把平假名或片假名填入空格。排列规则为各单词的第 1 个字母，与前面的单词的最后 1 个字母相同。

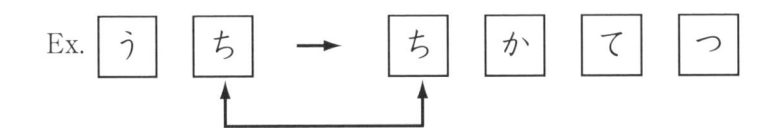

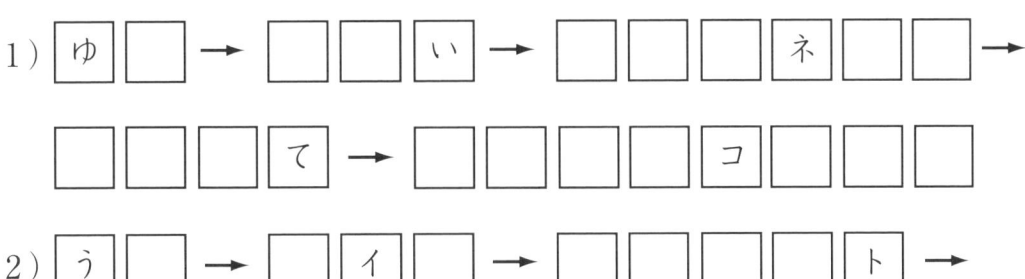

Ex. | う | ち | → | ち | か | て | つ |

1) | ゆ | □ | → | □ | □ | い | → | □ | □ | □ | ネ | □ | □ | → | □ | □ | □ | て | → | □ | □ | □ | コ | □ | □ | □ |

2) | う | □ | → | □ | イ | → | □ | □ | □ | □ | ト | → | と | □ | □ | → | い | □ | → | □ | □ | チ | → | □ | □ | □ | と |

译： 2.1) 明天，香烟，大衣，鸡肉，等级，凉快，印度，门
　　　 2) 健康，规则，小汽车，火柴，地铁，桌子，航空信

4．朗读练习

例：
こんにちは。
わたしは すずきです。

1) わたしは あさ
7じに おきます。

2) パンを たべます。そして、
コーヒーを のみます。

3) 8じに かいしゃへ
いきます。

4) 9じから 5じまで
はたらきます。

5) それから、バスで
うちへ かえります。

5．听写练习

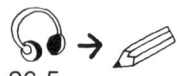

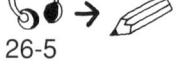

1) _____
2) _____
3) _____
4) _____
5) _____

译： 4．例：你好。我是铃木。 1) 我早晨7点起床。
2) （我）吃面包，喝咖啡。 3) （我）8点去公司。
4) （我）从9点工作到5点。 5) 然后，（我）坐公共汽车回家。

平假名图片卡

为了让初学平假名的学习者感到亲切有趣，本卡是把简单的日语单词的图画与平假名的字形重叠在一起而做成的。

对于虽然不会写但想先学会念平假名的学习者来说，也是一种方便的教材。

使用方法

1．在本书的「听力练习」中，通过 CD 确认发音后，再看本图片卡，大体记住字形。图片卡中使用的单词尚未学过的话，看单词译卡也能明白词意。

2．在一定程度上记住字母的读法以后，用剪刀剪开卡片，将顺序打乱，再做朗读练习。

3．形状相似的字，可以把图片比较一下，一边思考区别在哪儿，一边记忆，这样效果会更好。（例：41.る 和 43.ろ）

1. あ

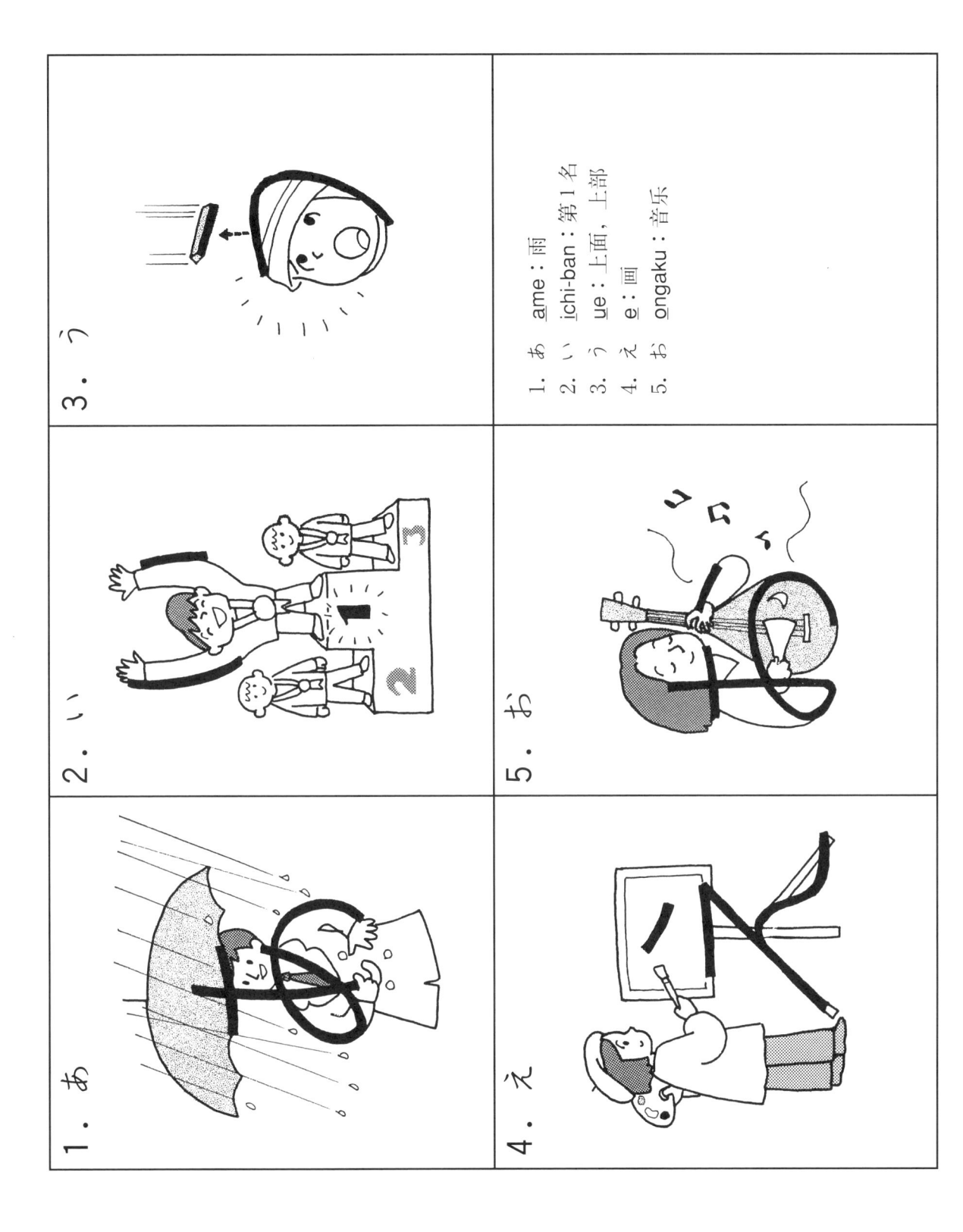

2. い

3. う

4. え

5. お

1. あ ame：雨
2. い ichi-ban：第１名
3. う ue：上面、上部
4. え e：画
5. お ongaku：音乐

8. く

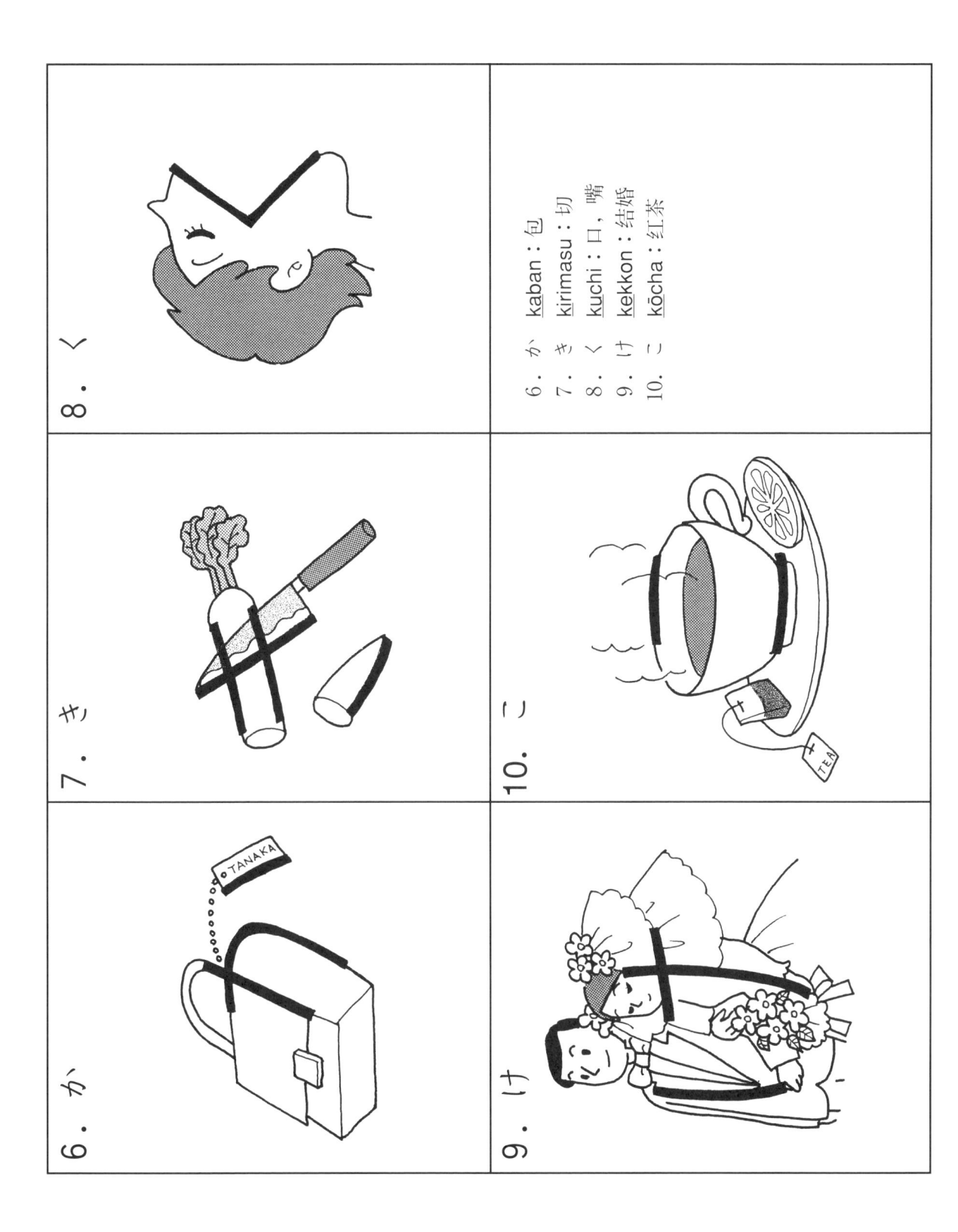

6. か　kaban：包
7. き　kirimasu：切
8. く　kuchi：口，嘴
9. け　kekkon：结婚
10. こ　kōcha：红茶

7. き

10. こ

6. か

9. け

11. さ	12. し	13. す

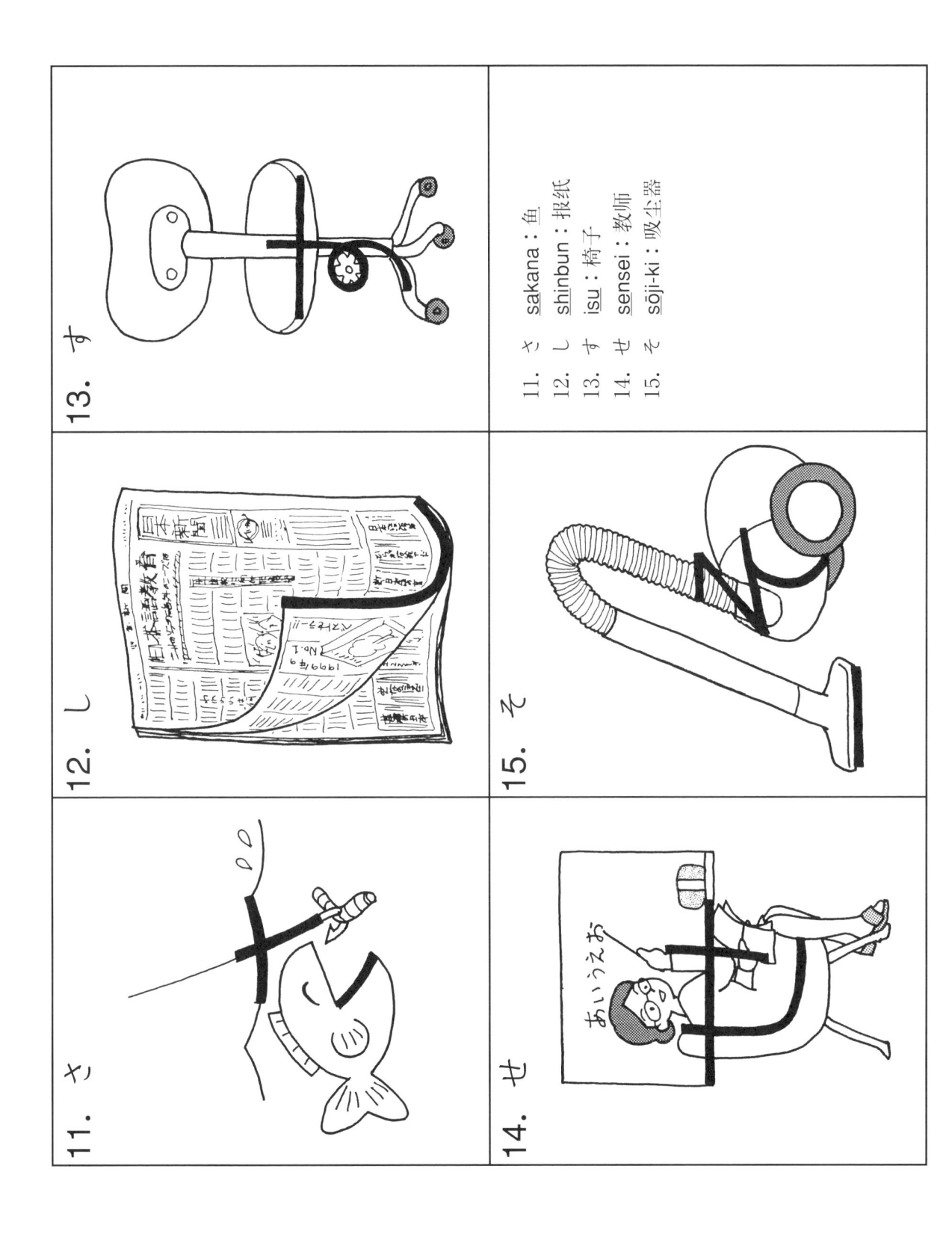

14. せ	15. そ	sakana：鱼 shinbun：报纸 isu：椅子 sensei：教师 sōji-ki：吸尘器 11. さ 12. し 13. す 14. せ 15. そ

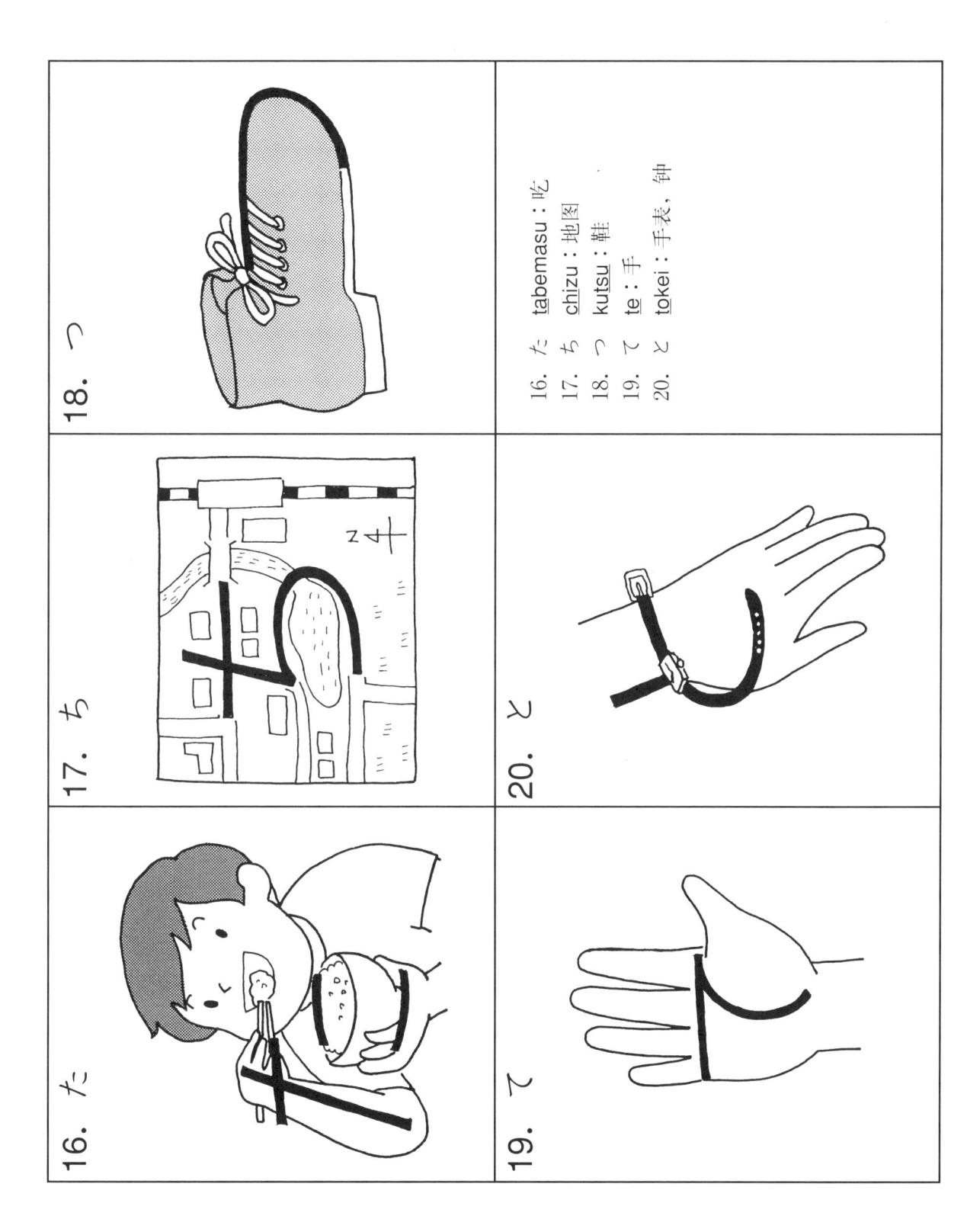

18. つ	
17. ち	16. た tabemasu：吃 17. ち chizu：地图 18. く kutsu：鞋 19. て te：手 20. と tokei：手表，钟
	20. と
16. た	19. て

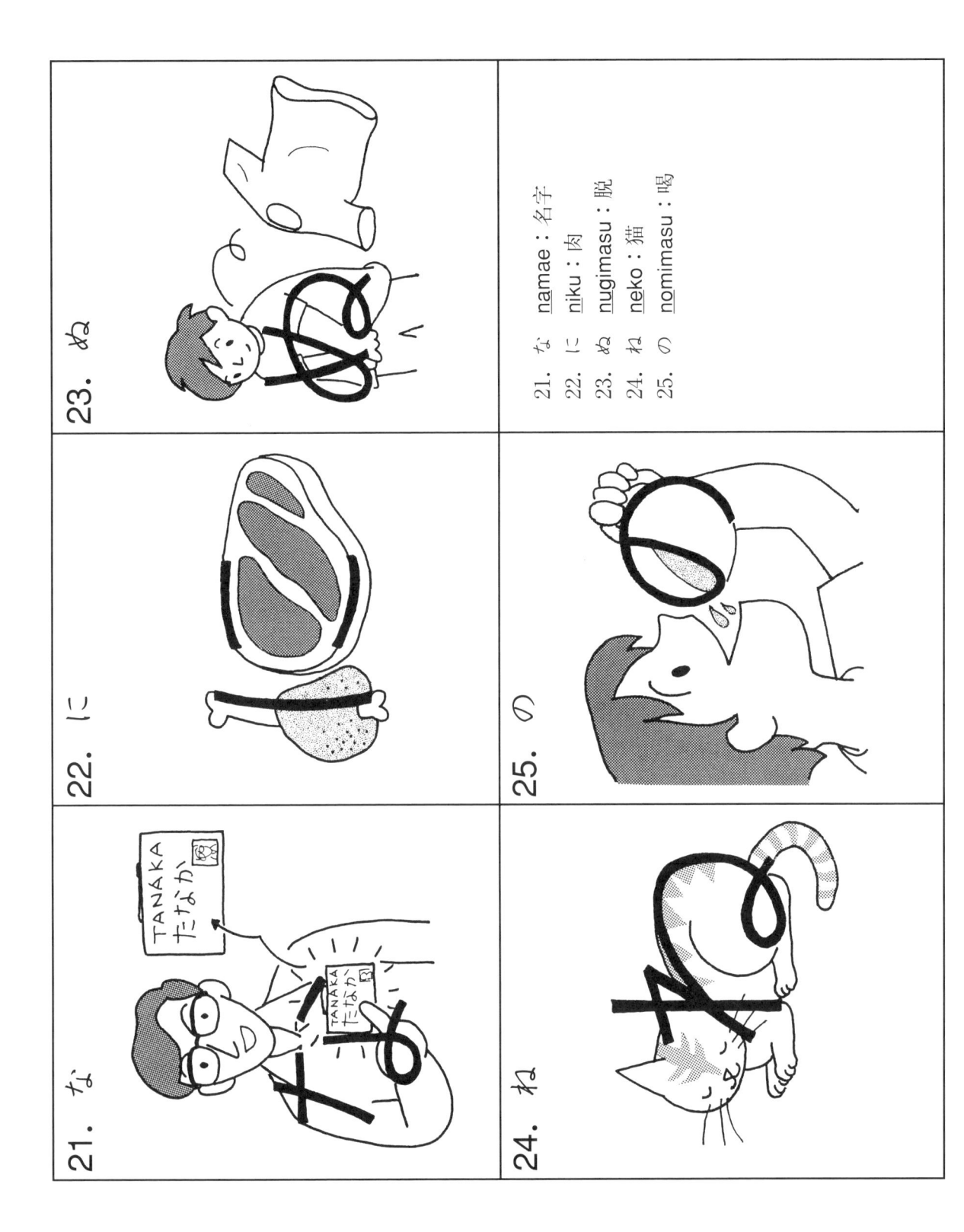

21. な	22. に	23. ぬ
24. ね	25. の	な namae：名字 に niku：肉 ぬ nugimasu：脱 ね neko：猫 の nomimasu：喝 21. な 22. に 23. ぬ 24. ね 25. の

26. は

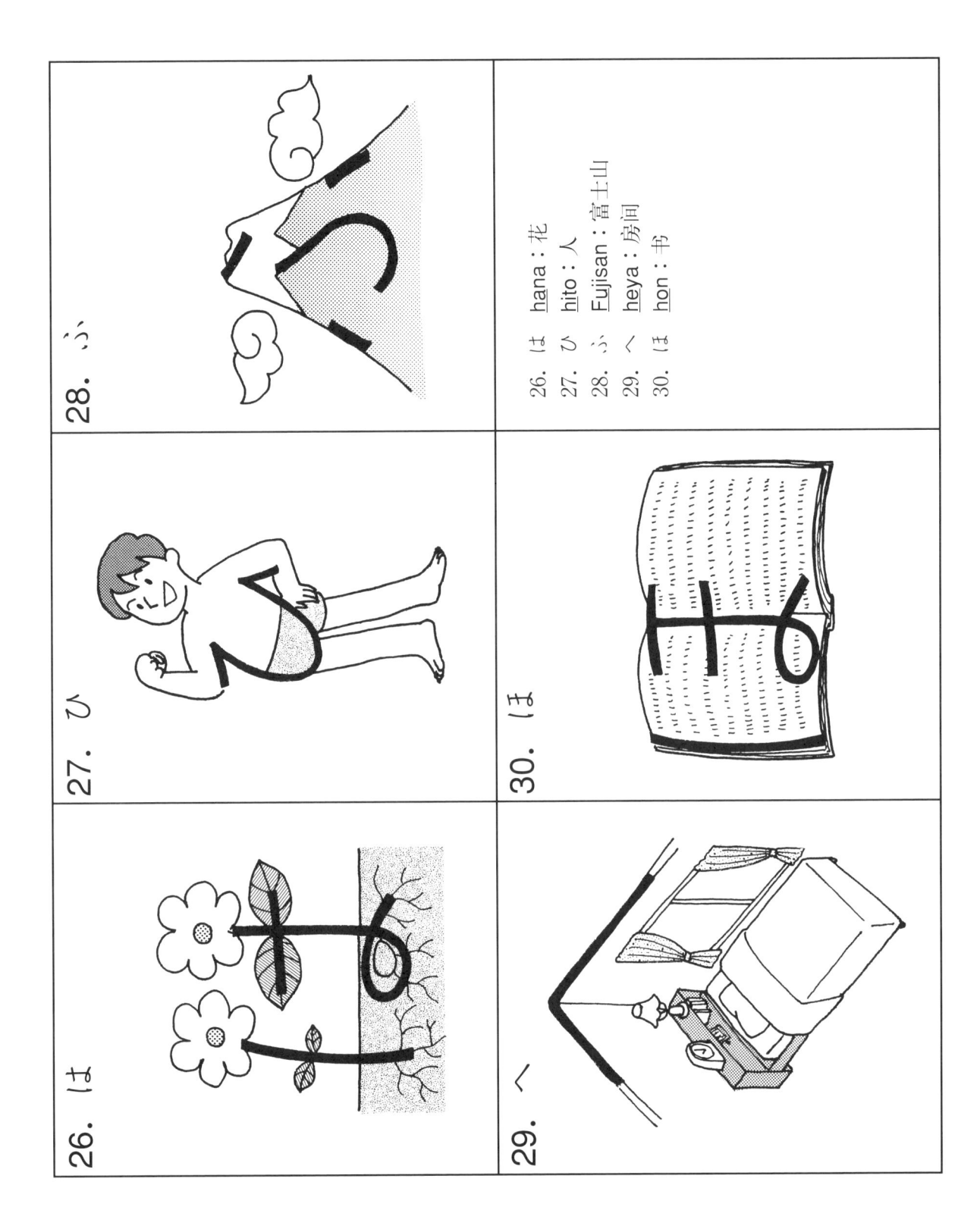

27. ひ

28. ふ

29. へ

30. ほ

26. は hana : 花
27. ひ hito : 人
28. ふ Fujisan : 富士山
29. へ heya : 房间
30. ほ hon : 书

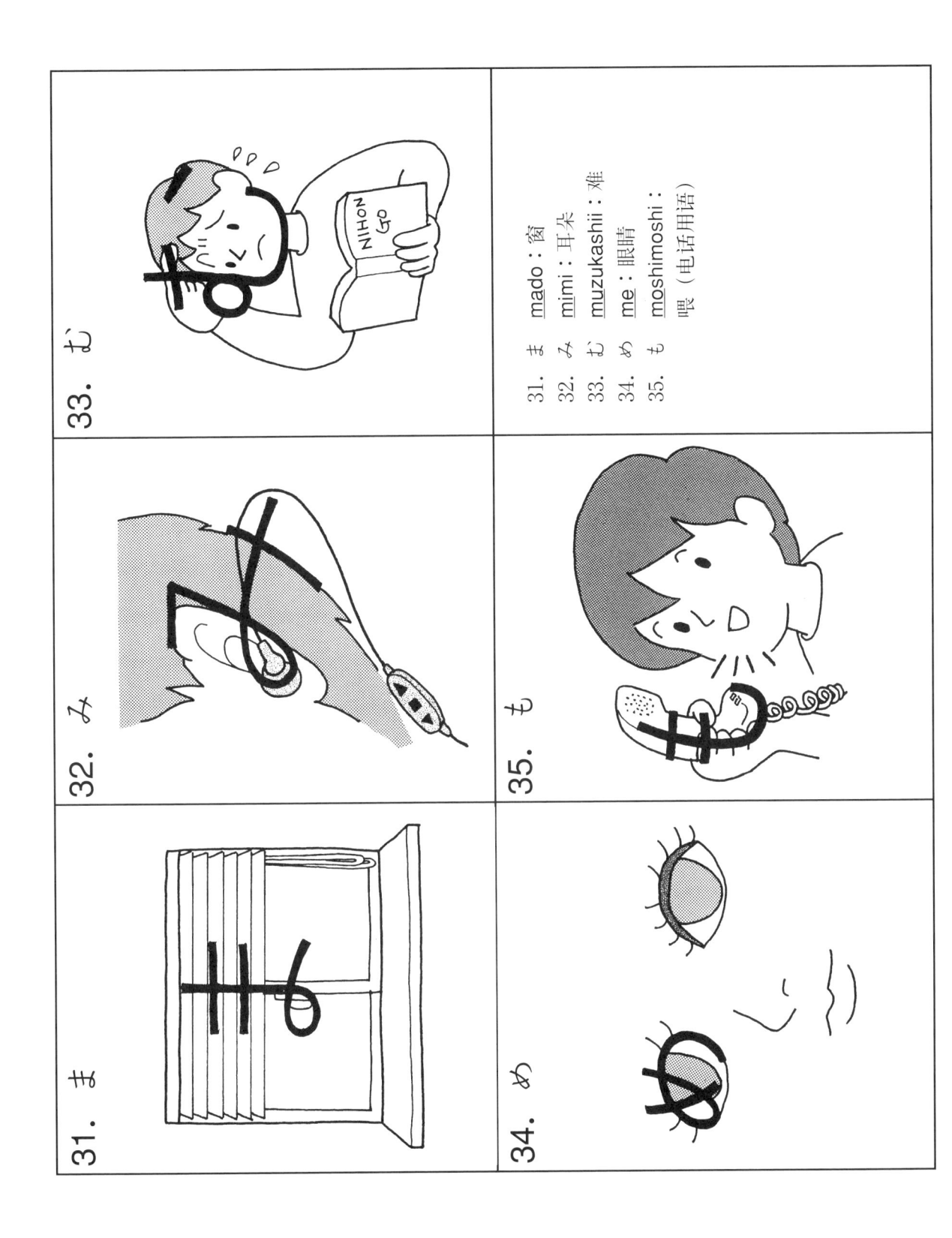

31. ま　mado：窗
32. み　mimi：耳朵
33. む　muzukashii：难
34. め　me：眼睛
35. も　moshimoshi：喂（电话用语）

36. や

37. ゆ

38. よ

36. や　yama：山
37. ゆ　yuki：雪
38. よ　yoru：晩上

39. ら

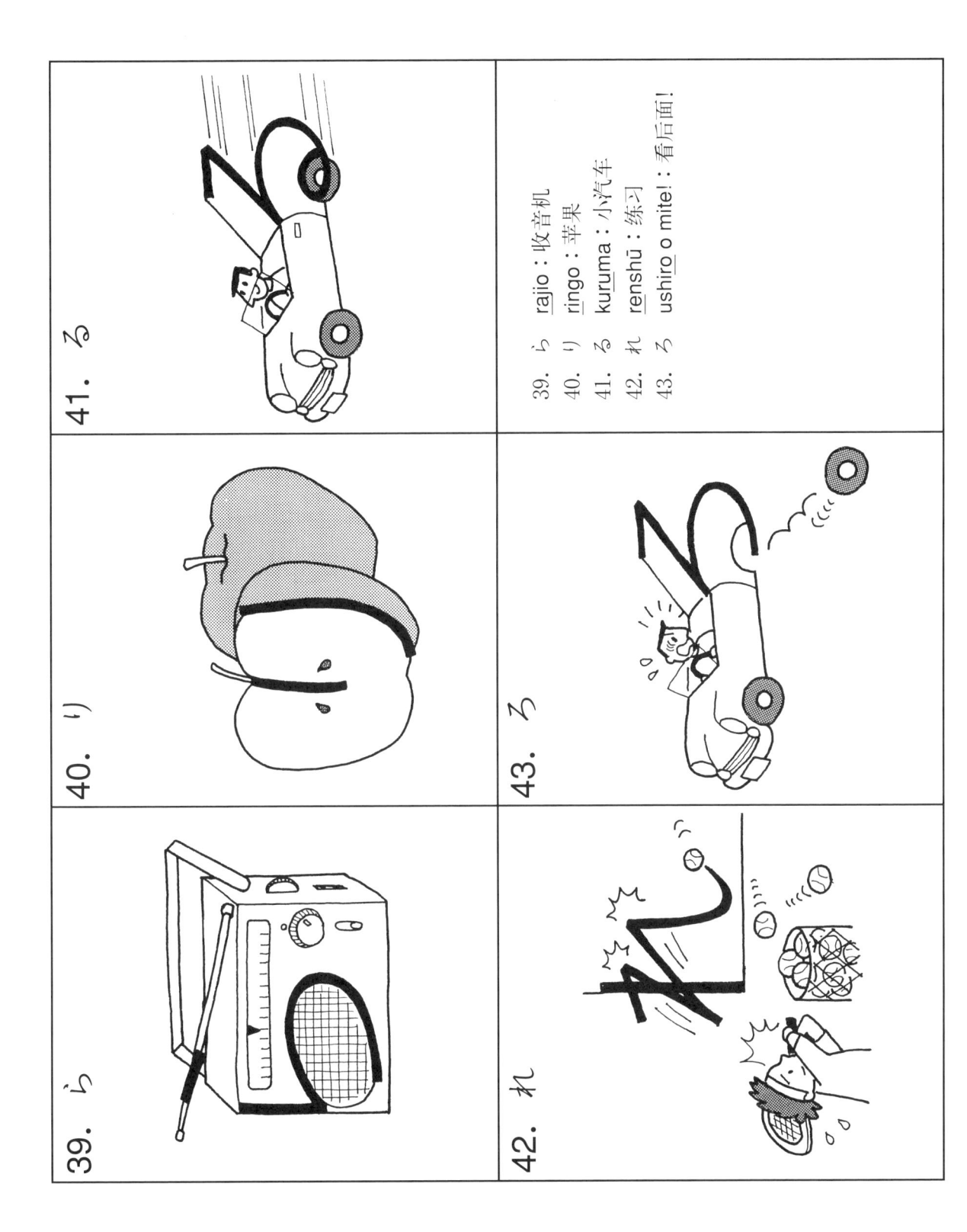

40. り

41. ろ

42. れ

43. ろ

39. ら rajio：收音机
40. り ringo：苹果
41. ろ kuruma：小汽车
42. れ renshū：练习
43. ろ ushiro o mite!：看后面!

44. わ	45. を	46. ん

44. わ　Wa!：哎呀！
45. を　tamago o tabemasu：
　　　吃鸡蛋
46. ん　nnn!：嗯！(把 "h" 推斜，
　　　就成了「ん」)

イラスト
多羅日奈子

表紙デザイン
片岡　理

中国語版(ちゅうごくごばん)
一人(ひとり)で学(まな)べる ひらがな かたかな

2004年7月12日　初版第1刷発行
2025年1月22日　第 8 刷 発 行

著作・編集　　一般財団法人　海外産業人材育成協会（AOTS）
　　　　　　　(旧) 財団法人　海外技術者研修協会　（AOTS）
発 行 者　　藤嵜政子
発 　 行　　株式会社スリーエーネットワーク
　　　　　　　〒102-0083　東京都千代田区麹町3丁目4番　トラスティ麹町ビル2F
　　　　　　　電話　営業　03(5275)2722
　　　　　　　　　　編集　03(5275)2725
　　　　　　　https://www.3anet.co.jp/
印 　 刷　　倉敷印刷株式会社

ISBN978-4-88319-308-0 C0081
落丁・乱丁本はお取り替えいたします。
本書の全部または一部を無断で複写複製（コピー）することは著作権法上での例外を除き、禁じられています。

答案

p.3-3

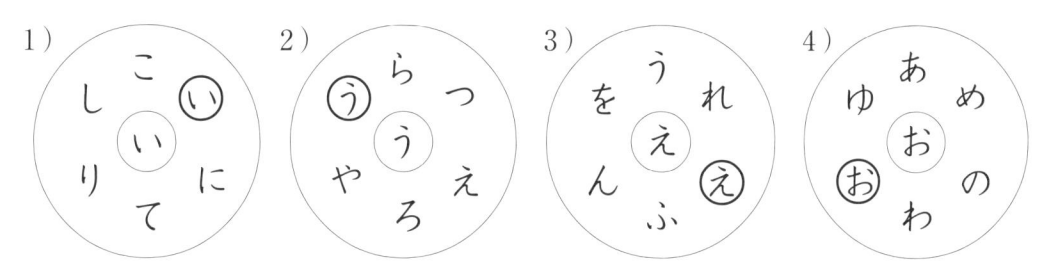

1) い (circled, center); around: こ, し, り, て, に
2) う (circled, center); around: ら, つ, や, ろ, え, う
3) え (circled, center); around: う, れ, ふ, ん, を
4) お (circled, center); around: あ, め, ゆ, の, わ, お

p.6-5

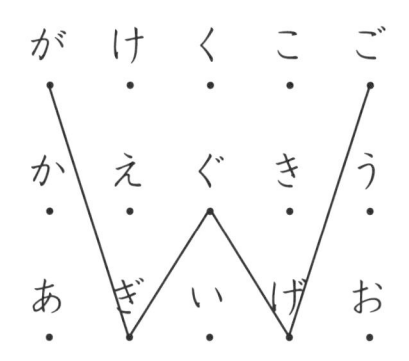

がけくこご
か・え・ぐ・き・う
あ・ぎ・い・げ・お

(connections form a W shape: が—か—え—ぐ—ぎ—い—げ—う—ご)

p.10-1
1) ue（上面，上部） 2) koe（声音） 3) kega（受伤） 4) kagi（钥匙）
5) aoi（青，蓝） 6) gaikoku（外国）

p.10-2
1) ごご（下午） 2) かぎ（钥匙） 3) えき（车站） 4) かお（脸）
5) きかい（机器） 6) いいえ（不） 7) がいこく（外国）

p.11-5

p.14-5

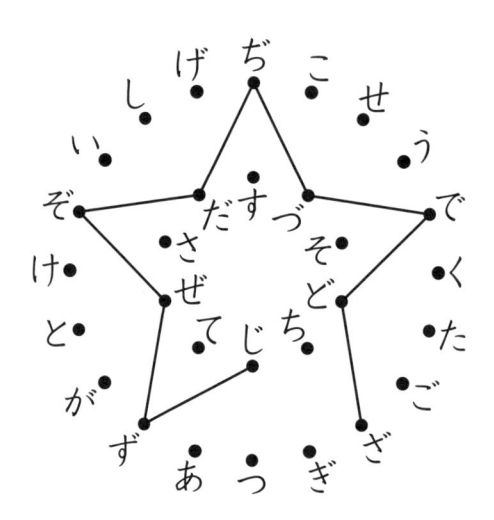

（连线图：し・げ・ぢ・こ・せ・う・い・ぞ・だ・す・づ・そ・で・け・さ・ぜ・て・じ・ど・ち・く・た・と・が・ず・あ・つ・ぎ・ざ・ご）

p.17-1
1）uso（说谎） 2）ude（手臂） 3）kutsu（鞋） 4）jiko（事故）
5）kaze（风，感冒） 6）shizuka（安静） 7）chikatetsu（地铁）

p.17-2
1）かさ（伞） 2）どこ（哪儿） 3）せかい（世界） 4）かぞく（家属）
5）すこし（一点儿） 6）たいせつ（重要） 7）おととい（前天）

p.18-3
1）c 2）b 3）a 4）b 5）d

p.22-7
1）ふかふか ： ⟨ぷかぷか⟩ 2）⟨ふかふか⟩ ： ぶかぶか
3）ひくひく ： ⟨びくびく⟩ 4）ぺたぺた ： ⟨べたべた⟩
5）⟨ぱたぱた⟩ ： ばたばた 6）⟨ぽきぽき⟩ ： ぼきぼき

p.25-1
1）hana（花） 2）inu（狗） 3）fune（船） 4）nani（什么）
5）boku（我（男性对同辈以下的自称）） 6）nodo（咽喉） 7）tabako（烟）
8）koibito（恋人） 9）kabuki（歌舞伎） 10）pokapoka（暖和）

p.25-2
1）なに（什么） 2）ひと（人） 3）へた（笨拙） 4）ふね（船）
5）たばこ（香烟） 6）ほそい（细） 7）あぶない（危险）

p.26-5

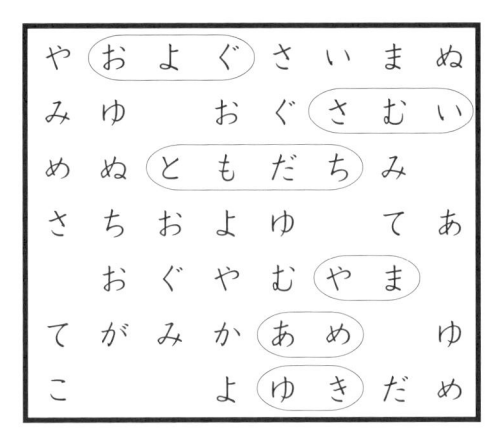

や	お	よ	ぐ	さ	い	ま	ぬ
み	ゆ		お	ぐ	さ	む	い
め	ぬ	と	も	だ	ち	み	
さ	ち	お	よ	ゆ		て	あ
	お	ぐ	や	む	や	ま	
て	が	み	か	あ	め		ゆ
こ			よ	ゆ	き	だ	め

○で囲んだ語: およぐ、さむい、ともだち、やま、あめ、ゆき

p.29-5

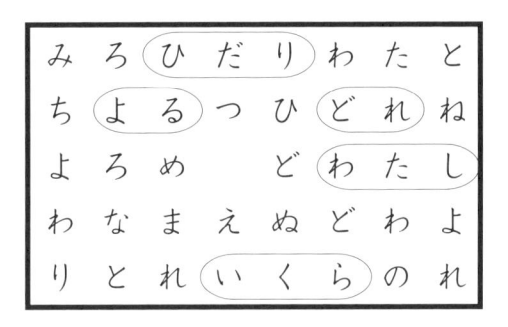

み	ろ	ひ	だ	り	わ	た	と
ち	よ	る	つ	ひ	ど	れ	ね
よ	ろ	め		ど	わ	た	し
わ	な	ま	え	ぬ	ど	わ	よ
り	と	れ	い	く	ら	の	れ

○で囲んだ語: ひだり、よる、どれ、わたし、いくら

p.32-1
1) yama（山） 2) yoru（晚上） 3) dore（哪一个）
4) ame（雨） 5) yuki（雪） 6) musuko（儿子）
7) ikura（多少，多少钱） 8) watashi（我）
9) mikan（橘子） 10) tomodachi（朋友）

p.32-2
1) みず（水） 2) ふゆ（冬天） 3) ひる（白天、中午）
4) さむい（冷） 5) しろい（白） 6) なまえ（名字）
7) ひだり（左、左边） 8) りんご（苹果） 9) のみもの（饮料）
10) よみます（读）

p.33

1 く	2 へ	3 い	4 こ	5 う	6 ら
7 た	8 に	9 る	10 ろ	11 き	12 さ
13 す	14 む	15 は	16 ほ	17 ま	18 あ
19 め	20 ぬ	21 ね	22 れ	23 わ	

p.34

あ a	い i	う u	え e	お o
か ka	き ki	く ku	け ke	こ ko
さ sa	し shi	す su	せ se	そ so
た ta	ち chi	つ tsu	て te	と to
な na	に ni	ぬ nu	ね ne	の no
は ha	ひ hi	ふ fu	へ he	ほ ho
ま ma	み mi	む mu	め me	も mo
や ya		ゆ yu		よ yo
ら ra	り ri	る ru	れ re	ろ ro
わ wa				を o
ん n				

が ga	ぎ gi	ぐ gu	げ ge	ご go
ざ za	じ ji	ず zu	ぜ ze	ぞ zo
だ da	ぢ ji	づ zu	で de	ど do

ば ba	び bi	ぶ bu	べ be	ぼ bo
ぱ pa	ぴ pi	ぷ pu	ぺ pe	ぽ po

p.35

1）ほん（书） 2）しんぶん（报纸） 3）えんぴつ（铅笔）
4）てがみ（信） 5）かぎ（钥匙） 6）かばん（包）
7）たばこ（香烟） 8）はいざら（烟灰缸）
9）ちず（地图） 10）でんわ（电话） 11）くつ（鞋）
12）ふね（船） 13）つくえ（桌子） 14）いす（椅子）
15）まど（窗） 16）りんご（苹果） 17）さかな（鱼）
18）にく（肉） 19）やさい（蔬菜） 20）たまご（蛋）

p.38-2
1) ま:まあ 2) い:いい 3) ふ:ふう 4) ね:ねえ
5) と:とお 6) も:もう 7) ほし:ほしい
8) くろ:くろう 9) ゆめ:ゆうめい 10) こてい:こうてい

p.39-4
1. 1) おじいさん 2) おばあさん 3) おとうさん
   4) おかあさん 5) おにいさん 6) おねえさん
   7) いもうと 8) おとうと

p.39-4
2. 1) ちいさい（小的） 2) おいしい（好吃） 3) えいが（电影）
   4) とおい（远） 5) きのう（昨天） 6) ゆうめい（有名）

p.41-4
1) けっこん（结婚） 2) がっこう（学校）
3) あさって（后天） 4) まって ください（请等一下。）
5) りんごが みっつ あります（有3个苹果。）

p.48-1
1) tokei（钟，表） 2) ohayō（早上好） 3) zasshi（杂志）
4) asatte（后天） 5) ocha（茶） 6) kyō（今天）
7) kaisha（公司） 8) gyūnyū（牛奶）

p.48-2
1) みっつ（3个） 2) きって（邮票） 3) ふうとう（信封）
4) おおきい（大的） 5) ゆっくり（慢） 6) ちょっと（一会儿）
7) じしょ（词典） 8) ちゅうごく（中国）
9) びょういん（医院） 10) こうじょう（工厂）

p.51-2
1) わたしは がくせい では ありません。（我不是学生。）
2) おとうとは とうきょうへ いきます。
   （我弟弟将去东京。）
3) りんごを みっつ ください。（请给我3个苹果。）
4) きょうは やすみです。（今天休息。）
5) にちようび えいがを みます。（星期日看电影。）
6) せんしゅう にほんへ きました。（我是上星期来日本的。）

p.53-3

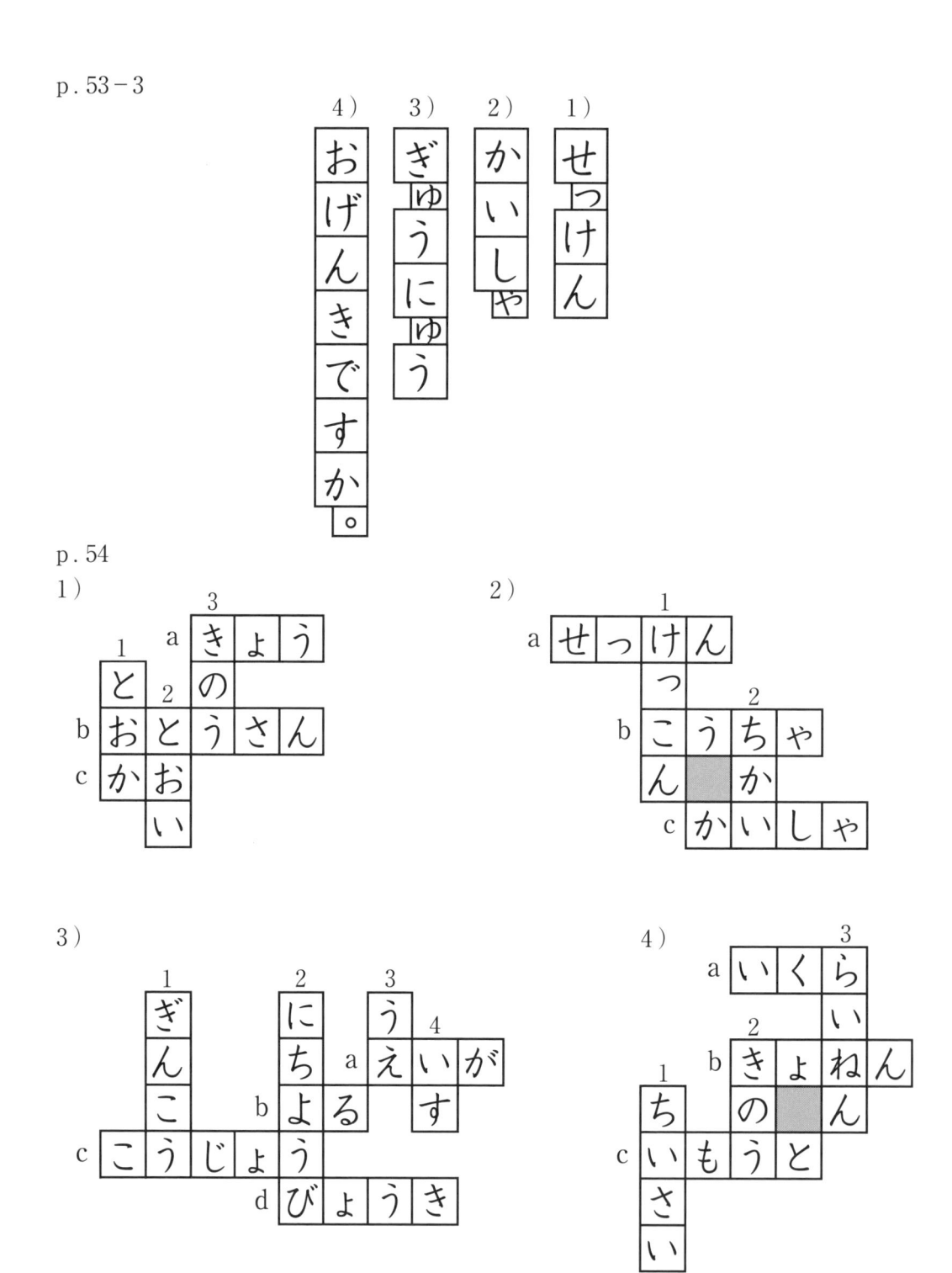

1) せっけん
2) かいしゃ
3) ぎゅうにゅう
4) おげんきですか。

p.54

1)
- a: きょう
- b: おとうさん
- c: かお
- 1 (down): と
- 2 (down): のとい
- 3 (down): ょう

2)
- a: せっけん
- b: こうちゃ
- c: かいしゃ
- 1 (down): っこん
- 2 (down): かか

3)
- a: えいが
- b: よる
- c: こうじょう
- d: びょうき
- 1 (down): ぎんこう
- 2 (down): にちよう
- 3 (down): うえ
- 4 (down): いす

4)
- a: いくら
- b: きょねん
- c: いもうと
- 1 (down): ちいさい
- 2 (down): きのう
- 3 (down): らいねん

p.55-1
1）こうえん（公園） 2）きっぷ（票） 3）がっこう（学校）
4）おかあさん（妈妈） 5）おちゃ（茶） 6）りょこう（旅行）
7）じゅうしょ（地址） 8）きょうしつ（教室）
9）にちようび（星期日）
10）ちょっと まって ください。（请稍等一下。）

p.55-2
1）こんにちは。
　（你好。）
2）たなかさん、おげんきですか。
　（田中先生，你好吗?）
3）わたしは らいしゅう くにへ かえります。
　（我下星期回国。）
4）いろいろ ありがとう ございました。
　（谢谢你多方面的帮助。）
5）また あいましょう。
　（再见。）

p.61-5

お	ん	あ	う	い	え
オ	ン	ア	ウ	イ	エ

p.64-5

こ	き	が	げ	ご	く	か	ぎ	け	ぐ
コ	キ	ガ	ゲ	ゴ	ク	カ	ギ	ケ	グ

p.67-5

ざ	そ	ぜ	さ	す	じ	せ	ぞ	し	ず
ザ	ソ	ゼ	サ	ス	ジ	セ	ゾ	シ	ズ

p.70-5

づ	ど	ぢ	と	た	で	ち	て	つ	だ
ヅ	ド	ヂ	ト	タ	デ	チ	テ	ツ	ダ

p.72-1
1）doa（门） 2）dansu（跳舞） 3）saizu（尺寸）
4）senchi（厘米，公分） 5）kōto（大衣）
6）uisukii（威士忌酒） 7）enjin（发动机）

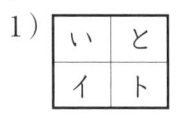

p.72-2
1) | い | と | 2) | し | っ | 3) | そ | ん | 4) | く | た | 5) | ち | て |
   | イ | ト | | シ | ツ | | ソ | ン | | ク | タ | | チ | テ |

p.72-3
1）タイ（泰国） 2）インド（印度） 3）デザイン（设计）
4）ギター（吉他） 5）タクシー（出租汽车）
6）センター（中心） 7）セーター（毛衣）

p.74-5
の	に	ね	ぬ	な
ノ	ニ	ネ	ヌ	ナ

p.78-5
ば	ぼ	ぱ	ぷ	ひ	ぶ	ぺ	は	ぴ	べ	ふ	ぽ	び	ほ
バ	ボ	パ	プ	ヒ	ブ	ペ	ハ	ピ	ベ	フ	ポ	ビ	ホ

p.80-1
1）tenisu（网球） 2）piano（钢琴） 3）banana（香蕉）
4）tēpu（带子，录音带） 5）enjinia（工程师） 6）beddo（床）
7）suitchi（开关） 8）hotchikisu（钉书器）

p.80-2
1）ナイフ（小刀） 2）ネクタイ（领带）
3）ノート（笔记本） 4）スポーツ（体育运动）
5）ビデオ（录像） 6）ピンポン（乒乓）
7）サッカー（足球） 8）ポケット（口袋）

p.82-5
み	め	ま	も	む
ミ	メ	マ	モ	ム

p.85-5
れ	ろ	る	ら	り
レ	ロ	ル	ラ	リ

p.88-5
や	わ	よ	ゆ
ヤ	ワ	ヨ	ユ

p.90

1 シ	2 ツ	3 ア	4 マ	5 ナ	6 メ						
7 ス	8 ヌ	9 チ	10 テ	11 イ	12 ト						
13 セ	14 ヤ	15 コ	16 ユ	17 ク	18 ケ	19 ワ					

p.91

あア	いイ	うウ	えエ	おオ
かカ	きキ	くク	けケ	こコ
さサ	しシ	すス	せセ	そソ
たタ	ちチ	つツ	てテ	とト
なナ	にニ	ぬヌ	ねネ	のノ
はハ	ひヒ	ふフ	へヘ	ほホ
まマ	みミ	むム	めメ	もモ
やヤ		ゆユ		よヨ
らラ	りリ	るル	れレ	ろロ
わワ				をヲ
んン				

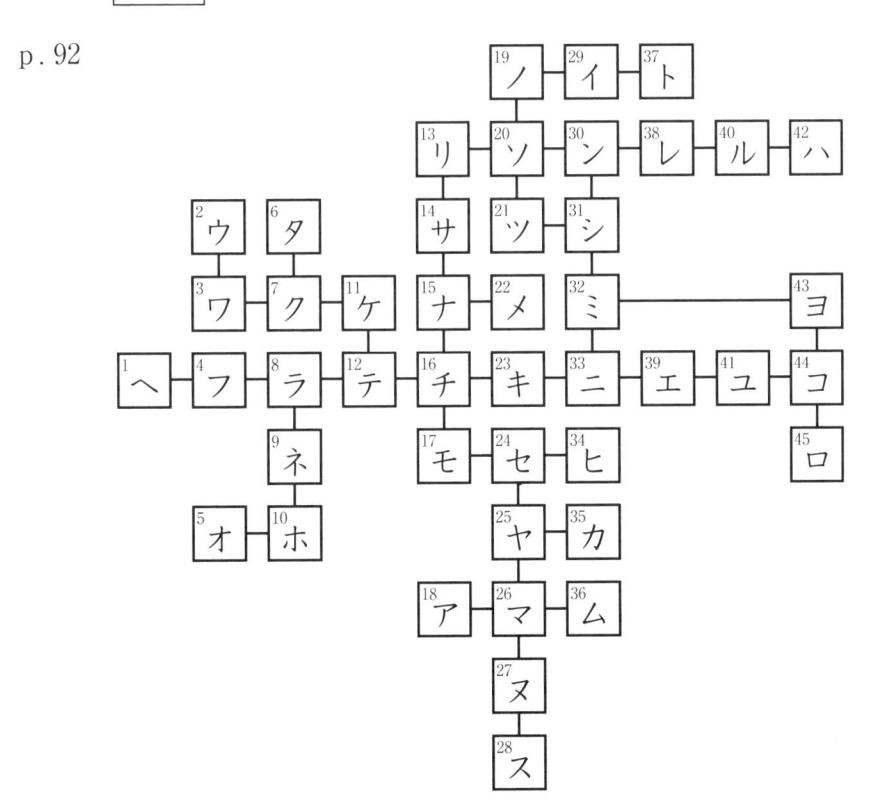

p.92

p.93-3

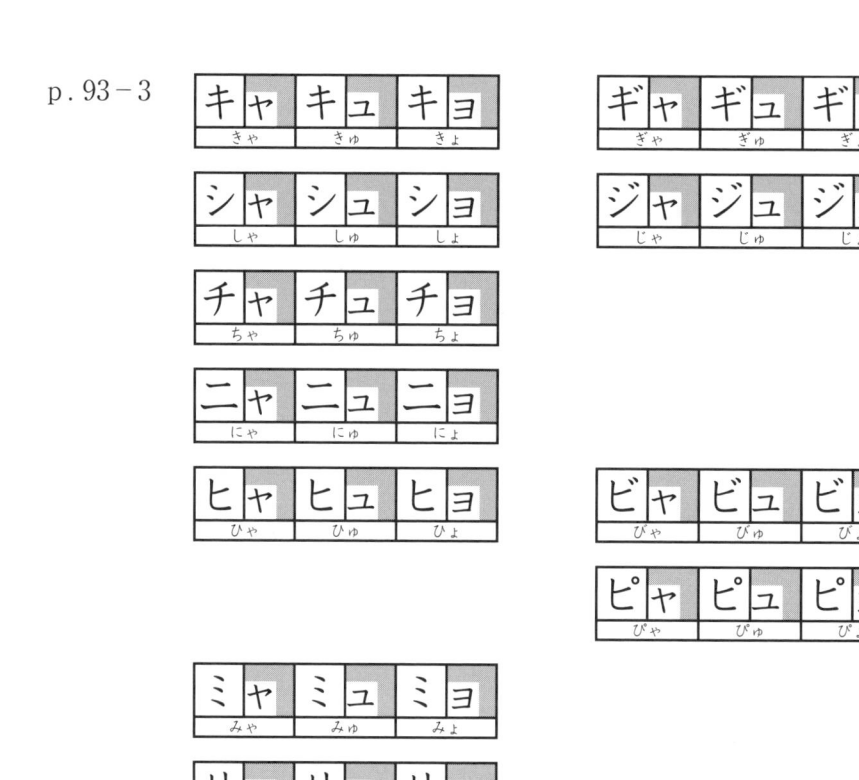

キャ	キュ	キョ
きゃ	きゅ	きょ

ギャ	ギュ	ギョ
ぎゃ	ぎゅ	ぎょ

シャ	シュ	ショ
しゃ	しゅ	しょ

ジャ	ジュ	ジョ
じゃ	じゅ	じょ

チャ	チュ	チョ
ちゃ	ちゅ	ちょ

ニャ	ニュ	ニョ
にゃ	にゅ	にょ

ヒャ	ヒュ	ヒョ
ひゃ	ひゅ	ひょ

ビャ	ビュ	ビョ
びゃ	びゅ	びょ

ピャ	ピュ	ピョ
ぴゃ	ぴゅ	ぴょ

ミャ	ミュ	ミョ
みゃ	みゅ	みょ

リャ	リュ	リョ
りゃ	りゅ	りょ

p.95-1
1) gomu （橡胶） 2) miruku （牛奶）
3) rajikase （收录两用机）
4) Marēshia （马来西亚） 5) shatsu （衬衫）
6) konpyūtā （电脑） 7) jogingu （跑步）

p.95-2
1) ジュース （果汁） 2) タイヤ （轮胎） 3) タワー （塔）
4) メモ （笔记） 5) メニュー （菜单） 6) ロビー （前厅，大堂）
7) シャープペンシル （自动铅笔）

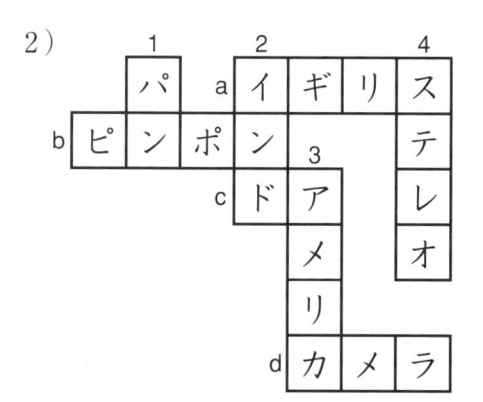

p.99

1) Across/Down crossword with: a. テレビ, b. クラス, c. タイプ; down: ネクタイ, テニス, ビデオ

2) Crossword with: a. イギリス, b. ピンポン, c. ドア, d. カメラ; down: パン, アメリ, テレオ

p.100
1）テレビ（电视机）　2）トイレ（厕所）
3）ビル（大楼）　4）コーヒー（咖啡）　5）ピアノ（钢琴）
6）ポスト（邮筒）　7）シャワー（淋浴）
8）スーパー（超市）　9）ボールペン（圆珠笔）
10）プレゼント（礼物）
11）テープレコーダー（录音机）　12）ロボット（机器人）
13）シャツ（衬衫）　14）カメラ（照相机）
15）パーティー（晚会）

p.101
1．g　　2．h　　3．c　　4．e　　5．f　　6．d　　7．a
8．b　　9．o　　10．i　　11．k　　12．l　　13．n　　14．p
15．j

p.102
①フィリピン　②ベトナム　③タイ　④マレーシア　⑤シンガポール
⑥インドネシア　⑦ミャンマー　⑧バングラデシュ　⑨インド
⑩ネパール　⑪パキスタン　⑫スリランカ

p.103
①イギリス　②フランス　③ドイツ　④オランダ　⑤ポーランド
⑥チェコ　⑦オーストリア　⑧スイス　⑨イタリア　⑩スペイン
⑪ポルトガル　⑫ノルウェー　⑬スウェーデン　⑭フィンランド

p.105-3

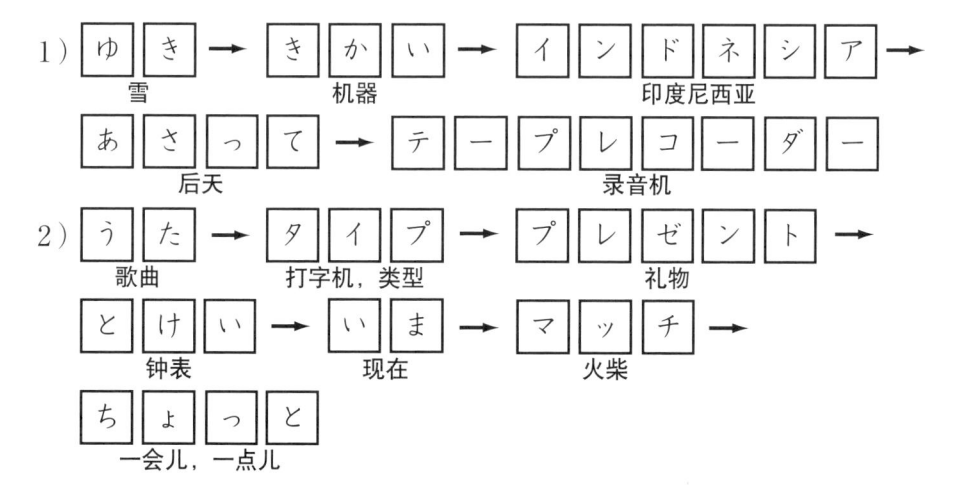

1) ゆき（雪）→ きかい（机器）→ インドネシア（印度尼西亚）→
あさって（后天）→ テープレコーダー（录音机）

2) うた（歌曲）→ タイプ（打字机，类型）→ プレゼント（礼物）→
とけい（钟表）→ いま（现在）→ マッチ（火柴）→
ちょっと（一会儿，一点儿）

p.106-5

1) はじめまして。　　　　　　　　　　初次见面。
2) わたしは　マレーシアの　リーです。　我姓李，来自马来西亚。
3) きのう　にほんへ　きました。　　　　(我)是昨天来日本的。
4) せんもんは　コンピューターです。　　我的专业是计算机。
5) どうぞ　よろしく。　　　　　　　　　请多关照。